D. d. L. 1187
c. t.

CONSIDÉRATIONS

SUR

LE GOUVERNEMENT

DE LA FRANCE.

CONSIDÉRATIONS

SUR

LE GOUVERNEMENT

ANCIEN ET PRÉSENT

DE LA FRANCE,

COMPARÉ

AVEC CELUI DES AUTRES ÉTATS;

SUIVIES

D'UN NOUVEAU PLAN D'ADMINISTRATION.

Par M. le Marquis D'ARGENSON.

DEUXIEME ÉDITION, CORRIGÉE SUR SES MANUSCRITS.

AMSTERDAM.

M. DCC. LXXXIV.

AVERTISSEMENT
DE L'ÉDITEUR.

Cet Ouvrage, composé il y a plus de quarante ans, a été imprimé, pour la premiere fois, à Amsterdam chez Marc-Michel Rey, en 1764, plusieurs années après la mort de son Auteur.

Avant sa publication, des copies manuscrites s'en étoient répandues; elles avoient mérité des éloges de tous les Lecteurs. Rousseau de Genève, dans diverses notes de son Contrat Social, a témoigné toute l'estime qu'il en faisoit.

Mais l'Edition de Marc-Michel Rey, faite avec précipitation sur une copie furtive, & qui n'avoit point été soigneusement rapprochée des différens manuscrits de l'Auteur, fourmille de fautes grossieres. Le sens est par-tout altéré & corrompu. On s'est même permis d'élaguer & de retrancher des recherches profondes & des discussions curieuses, propres à porter

A

un plus grand jour sur les endroits les plus intéressans.

Il falloit donc donner au Public une nouvelle Edition de cet Ouvrage, telle que l'Auteur auroit pu la donner lui-même. On a long-temps médité ses Ecrits, & c'est après s'être pénétré de ses principes, qu'on a refondu cette Edition nouvelle sur plusieurs manuscrits de différentes dates, tous authentiques, qu'on a comparés entre eux, & qu'on a rapprochés de beaucoup d'autres, également sortis de sa plume.

Voici son premier & principal Ouvrage, auquel il a travaillé toute sa vie, qu'il commença avant d'être Ministre & Secrétaire d'Etat, & qu'il a revu & corrigé après avoir été, pendant plusieurs années, non seulement chargé du département des Affaires Etrangeres, mais encore de celui de plusieurs grandes Provinces de la France.

Son grand principe étoit, qu'un Roi doit être animé des maximes des Antonins & des Marc Aurele; & qu'il convenoit, pour le bonheur des hommes & du Monarque même, qu'il fît asseoir la Philosophie sur le Trône. Les Empereurs que l'on vient de nommer, ont fait jouir les Romains de l'avantage de voir ce Siecle d'or de la Royauté. Tous les Peuples de l'Univers le leur ont depuis inutilement envié ; mais il seroit possible de le voir renaître dans tous les climats & dans tous les temps, en introduisant une salutaire réforme dans toutes les parties du Gouvernement. Le grand exemple & l'utile influence d'un bon & sage Monarque forceroient tous les Pasteurs des autres Peuples à *être justes, à peine d'être malheureux.*

Il faut toujours se rappeler ce qu'on a annoncé à la tête de cet Avertissement, que cet Ouvrage a été composé il y a plus de quarante ans ; c'est prévenir l'objection qu'on pourroit faire, que toutes les vûes qui y sont présentées ne sont pas nouvelles, ou que la Politique & l'intérêt des Puissances de l'Europe, tels qu'ils y paroissent exposés, & l'Administration même de la France, ont changé dans quelques points plus ou moins intéressans. Mais les principes de la raison, de l'équité, de la vraie Philosophie, sont immuables, & toujours applicables, à quelques nuances près. Ces considérations n'ont donc rien perdu de leur prix & de leur utilité : elles ont été communiquées, par l'Auteur même, en manuscrit, à quelques personnes qu'il croyoit également éclairées & sûres, mais qui cependant en ont fait part à d'autres. Les copies se sont multipliées ; le plus grand nombre des Lecteurs a admiré & adopté ses principes ; quelques-uns ont profité de ses travaux & de ses découvertes, & n'ont pas dédaigné d'en enrichir leurs Ouvrages. Il y en a qui ont renchéri sur ce systeme, d'autres ont voulu le combattre ; mais l'on peut dire que ces derniers ne l'ont pas bien entendu. Cela est sur-tout arrivé à ceux qui, au lieu d'en raisonner avec l'Auteur, n'ont fait que lire des manuscrits imparfaits & fautifs, ou l'imprimé, qui l'est encore davatange.

On trouve l'empreinte de ces idées-ci dans tous les Livres de Politique publiés depuis quarante années ; tels que l'Essai sur l'Histoire Universelle, l'Esprit des Loix, l'Ami des hommes, les Mémoires sur les Etats Provinciaux, la Théorie de l'Impôt, les Ouvrages de quelques Ecrivains, connus depuis peu de temps sous le nom général d'*Économistes*, le Contrat Social, les Entretiens de Phocion, & beaucoup d'autres Ecrits qui, sans avoir atteint le même degré de célébrité, ont mérité justement l'estime du Public, par la sagesse des plans & par l'utilité des Etablissemens qu'ils ont voulu former, ou qu'ils ont cherché à perfectionner. Il est certain que les Ecrivains dont on vient de citer les Ouvrages, ont connu l'Auteur des Considérations, ou son Livre; & ne peut-on pas soupçonner qu'ils n'ont écrit que d'après lui?

M. le Marquis d'Argenson, pendant les dernieres années de sa vie, a composé différens Opuscules particuliers, qui sont autant de développemens de sa grande & principale idée, & de l'application de cette idée à toutes les parties de l'Administration. Les manuscrits de ces Opuscules exiſtent en mains ſûres, & méritent autant de voir le jour, que le Livre que nous préſentons au Public; c'eſt moins une nouvelle Edition de l'Ouvrage, déjà connu, de feu M. le Marquis d'Argenſon ſur le Gouvernement, qu'un premier volume de ſes Œuvres. Il pourra être ſuivi de pluſieurs autres, compoſés de différens morceaux, dans leſquels ou il a développé ſa grande idée, ou il en a établi quelques autres, qui prouvent également que c'étoit un excellent Citoyen & un vrai Philoſophe; qu'il avoit le cœur pur & ſenſible, & l'eſprit droit & ſage.

On trouve à la tête de ſes derniers manuſcrits une Préface aſſez longue, mais très-intéreſſante, qui eſt vraiment une Introduction à la lecture de toutes ſes Œuvres. Elle indique parfaitement l'intention de l'Auteur, & l'eſprit dans lequel il a écrit. Ce ſont des *notions préliminaires*, propres à donner la clef de ces Productions. Sans copier en entier cette Préface, qui renferme quelques traits de nature à n'être pas encore tranſmis à la Poſtérité, l'Editeur a fait usage de ce qu'il a trouvé de plus intéressant, & l'a fondu dans cette Edition, qui n'a tant tardé à être publiée, que parce que, depuis la date de la premiere, les esprits ne lui ont pas paru assez disposés à adopter & à saisir les principes de l'Auteur : mais convenons, à la louange des dernieres années de notre Siecle, qu'il s'est éclairé ; accordons lui de tout notre cœur les justes éloges qu'il mérite. Oserions-nous dire qu'il n'a plus besoin que d'être guidé dans l'usage des connoissances qu'il a acquises ; & que, comme un enfant dont le cœur est excellent, l'esprit lumineux, l'éducation telle qu'il n'y a plus que la derniere main à y mettre, il est aisé de l'empêcher de s'égarer dans les conséquences qu'il peut tirer des excellens principes qu'il a reçus.

CONSIDÉRATIONS
SUR
LE GOUVERNEMENT
DE FRANCE.

OBJET ET OCCASION DE CET OUVRAGE.

C'EST une prévention presque générale en France, depuis le Ministere du Cardinal de Richelieu, que la gloire & la force de l'autorité Royale résident dans la dépendance servile des Sujets. Je me propose de prouver le contraire, & d'établir quelles étoient les imperfections du Gouvernement féodal ; j'examinerai pour cet effet les différens Gouvernemens des Souverainetés de l'Europe, & j'espere montrer par cet examen, que l'Administration populaire pourroit s'exercer sous l'autorité du Souverain, sans diminuer la puissance publique, qu'elle l'augmenteroit même, & qu'elle seroit la source du bonheur des Peuples.

Ces vérités exposées, je proposerai quelques principes pour établir la meilleure & la plus sage Administration, particuliérement en France.

.... Que dans le cours d'un regne florissant,
Rome soit toujours libre, & César tout-puissant.
Racine, Britannicus.

CHAPITRE PREMIER.
Définitions.

LA Monarchie est le Gouvernement d'un Etat par un seul homme. _{Polybe, l. 6, c. 7.}

Par Monarchie absolue, on entend un Gouvernement où le Monarque rapporte tout à lui, ne considérant que son droit de propriété sur les Etats qu'il gouverne, & ne croyant pas devoir déférer aux conseils. Bientôt un tel Gouvernement dégénere en tyrannie, qui est l'abus de l'Etat Monarchique, par une usurpation suivie d'injustice & de violence.

La Monarchie ou Royauté bien entendue, au contraire, est le Gouvernement d'un Etat par un homme seul, qui considere moins son droit de propriété, que le bien de l'Etat qu'il gouverne, & dont il ne se regarde que comme le premier Magistrat.

L'Aristocratie est le Gouvernement de plusieurs, regardés comme plus nobles que les autres, composant un Sénat plus ou moins nombreux, dépositaire de l'autorité qui ailleurs est entre les mains du Monarque.

La Démocratie eſt le Gouvernement du Peuple entier, ou de tous ceux qui ſont intéreſſés à ce que la Nation ſoit bien gouvernée, ſans diſtinction de Nobles & de Roturiers.

Lycurgue fonda, par ſa Légiſlation, le Gouvernement de Lacédémone, compoſé de Royauté, d'Ariſtocratie & de Démocratie.

Les Philoſophes Politiques ont donné ce genre d'Adminiſtration comme le plus parfait de tous les Gouvernemens.

Les Anglois ſe vantent aujourd'hui de le poſſéder chez eux, par le plus juſte mélange.

Mais il eſt humainement impoſſible d'empêcher que tôt ou tard l'un des trois Gouvernemens ne gagne ſur les autres.

L'Ariſtocratie peut auſſi ſe ſubdiviſer en deux eſpeces.

L'Ariſtocratie légitime, où les gens diſtingués par leur naiſſance & leur prudence, gouvernent abſolument pour le bien commun.

L'Oligarchie, ou fauſſe Ariſtocratie, lorſqu'un petit nombre de Citoyens s'arroge toute l'autorité par uſurpation, & rapporte tout à ſon intérêt & à ſes paſſions.

Tels furent à Rome les Décemvirs, peu

après qu'ils eurent été institués, & les Triumvirs, pendant tout leur regne.

Il en seroit de même d'une Monarchie où le Souverain ne se mêleroit de rien, & n'ayant point de premier Ministre, laisseroit gouverner cinq ou six Ministres, qui agiroient d'accord, ou, ce qui seroit encore pis, ordonneroient sans intelligence, sans concert, sans être convenus de leurs principes, & sans qu'on leur en ait prescrit. Ce seroit une Administration bien vicieuse.

Le Gouvernement par le Corps des Nobles, sans distinction, sans choix, & sans aucun titre que celui de la naissance, est encore une Aristocratie qui doit dégénérer en Anarchie ou en Acéphalie, c'est-à-dire, être bientôt sans autorité comme sans Chef. Sous l'ancien Gouvernement féodal, qui a subsisté en France jusqu'à ce que nos Rois aient eu des troupes réglées & soldées, nous étions dans ce fâcheux état.

L'exemple du plus parfait Gouvernement Aristocratique qu'on puisse citer, est la République de Venise. L'autorité décisive & expéditive n'y est point confiée à la multitude, mais à un certain nombre de Nobles, élus comme les plus sages, les plus justes & les plus discrets.

On présumera toujours dans un Etat, que les Nobles d'extraction sont nés avec des sentimens distingués de courage & de vertu ; que l'exemple de leurs Ancêtres leur prêche continuellement la gloire de les imiter, & l'horreur de dégénérer, & que l'éducation leur donne des lumieres.

Voilà l'avantage du Gouvernement Aristocratique ; mais il a cet inconvénient, que le Corps de la Noblesse étant séparé du reste des Citoyens, affecte de mépriser & d'accabler les Roturiers, qui sont cependant les plus nombreux & les plus laborieux. Personne ne stipule pour ceux-ci dans les délibérations générales, & chaque jour la Noblesse augmente ses priviléges & consomme sa séparation d'avec le reste de l'Etat.

Nos Loix se ressentent trop de la part immense que la Noblesse a eue dans l'ancien Gouvernement.

On appelle Despotisme, une autorité qui se prétend indépendante de toute Loi fondamentale ou particuliere. La Tyrannie est l'abus de fait, du pouvoir que le Despotisme (s'il en existe quelque part) prétend avoir de droit.

La fausse Aristocratie s'arroge la Tyrannie aussi bien que la Monarchie.

La Démocratie peut se distinguer aussi en fausse & en véritable.

La fausse Démocratie tombe bientôt dans l'Anarchie ; c'est le Gouvernement de la multitude : tel est un peuple révolté, qui, n'ayant point encore adopté de principes certains, est insolent, méprise les Loix & la raison ; son Despotisme tyrannique se manifeste par la violence de ses mouvemens, & par l'incertitude de ses Délibérations.

Dans la véritable & bonne Démocratie, on agit par Députés. Ces Députés sont autorisés par l'élection du Peuple. C'est sur cette mission qu'est fondée leur autorité ; leur devoir est de stipuler pour l'intérêt du plus grand nombre des Citoyens, dans la vûe de leur éviter les plus grands maux, & de leur procurer les plus grands biens.

Il n'y a en Europe de véritables États Démocratiques, que les cantons populaires de la Suisse.

Il y a donc trois sortes de Gouvernemens simples ; le Monarchique, l'Aristocratique, & le Démocratique.

La Royauté Monarchique est de tous les Gouvernemens le plus estimé par tous les bons Auteurs Politiques. Ils conviennent généralement, que l'expédition & la justice y opérent de grandes choses en peu de temps ; qu'elle dégénere sous des Princes pusillanimes, & se releve promptement sous les grands Rois : mais il faut aussi convenir qu'elle se tourne aisément en Monarchie absolue. Les passions humaines la conduisent au Despotisme & à la Tyrannie. A la fin, l'usurpation détruit le pouvoir légitime, & fait taire l'ordre ancien des Loix constitutives & fondamentales.

L'Aristocratie dégénere également ; soit qu'elle soit livrée à un petit nombre de Tyrans, ou qu'elle soit abandonnée à une multitude de Nobles qui gouvernent au hasard.

La Démocratie est encore plus sujette à l'Anarchie & à la violence effrénée. Dans sa situation la plus parfaite, elle est toujours exposée à la lenteur des délibérations ; car les Députés craignent le désaveu ; les intérêts, subdivisés à l'infini, & les suffrages trop combattus les uns par les autres, manquent d'un point d'appui pour les arrêter & les fixer. Ainsi un tel Gouvernement est incapable de ces coups d'une exécution brusque, mais qui sont souvent l'effet d'une sage prévoyance &

& préviennent la ruine d'un État. D'ailleurs le secret est toujours mal gardé dans les États Démocratiques ; les hommes de mérite y ont à craindre la basse envie & l'ingratitude ; les passions n'y éclatent pas moins que dans les Cours : ces passions ont leurs influences sur toutes les opérations politiques ; elles sont plus déraisonnables, étant plus grossieres. Pour procurer aux Assemblées Démocratiques ce point d'appui dont je viens de parler, il leur faut un Protecteur qui presse la Démocratie de se bien régir, & qui empêche sa déformation.

Les Romains ont éprouvé chez eux toutes les especes de Gouvernemens que nous venons de définir.

Aujourd'hui, en Europe, presque tous les Gouvernemens sont mixtes, c'est-à-dire, mélangés de Monarchie, d'Aristocratie & de Démocratie. Mais ce mélange y est plus ou moins parfait : c'est ce que nous examinerons dans un des Chapitres suivans.

B

CHAPITRE II.

Principes & maximes.

A QUOI servent de vaines spéculations politiques, qui ne conduisent point à perfectionner le Gouvernement, à rendre les hommes plus heureux & l'État plus fort, mais sur-tout à faire la félicité du Peuple?

Les savantes recherches sur le Droit Public ne sont souvent que l'histoire des anciens abus, dont on s'entête mal à propos, quand on s'est donné la peine de les étudier.

Quantité de Mémoires qu'on présente chaque jour pour proposer des établissemens, excellent ordinairement dans leurs premieres parties : on démontre les maux de l'État; mais quant aux remédes, les Auteurs retombent dans le puéril ou dans l'extravagant.

On ne peut remédier subitement à d'anciens abus; il faut toujours plus de temps pour les dissiper, qu'on n'en a mis à les introduire : l'absurde & l'impraticable de ces expédiens ont jeté un grand ridicule sur tous les Novateurs Politiques.

Je demande qu'est-ce que doivent faire les Ministres d'un État bien gouverné ? Ils doivent être dans une activité perpétuelle, non pas pour altérer les principes, mais les appliquer à propos & suivant les circonstances ; autrement ces Ministres ne seroient que des automates, ou des ressorts qui remueroient l'État sans intelligence, par une force, pour ainsi dire, physique & non raisonnée.

Le changement dans les mœurs, les passions des Justiciables, & la négligence des *Justiciers*, demandent une critique continuelle & une révision assidue des anciennes Loix, afin de les étendre ou de les restreindre selon les besoins des hommes.

Tout est révolution dans ce Monde ; les États ont leurs temps de progrès & de décadence ; le courage des hommes a le sien. Qui auroit dit autrefois que les Romains deviendroient ce que sont les Italiens ? Qui peut prédire où iront les Moscovites ? Dans un siecle, il faut reprimer la fureur des combats ; dans un autre, il faut réveiller l'honneur qui s'endort au sein de la mollesse.

Pour une Nation qui, pour ainsi dire, défriche, tels que sont les Russes, il faut des Loix qui excitent au progrès des Arts.

B ij

Pour un Peuple auſſi policé que les François, il faudroit ramener à l'Agriculture qu'on abandonne; le ſavoir même a ſes bornes pour le bien d'une Nation.

Rome ignorante a vaincu le Monde; elle eſt devenue la Capitale de l'Univers; elle a donné des exemples héroïques de vertu.

Rome ſavante a été la proie des Barbares & l'aſſemblage de tous les vices.

Depuis que les Francs ont paſſé le Rhin pour s'établir dans les Gaules, ils n'ont jamais manqué de Légiſlateurs; le *Droit Romain*, même le Droit Canonique, étoient un magaſin abondant de Loix pour la Société; mais il a toujours manqué aux François ce qu'on appelle eſprit ferme & conſtant, l'eſprit de ſuite; & ce n'eſt pas par défaut de génie, mais faute de conſtance, qu'ils n'ont jamais travaillé qu'en petit dans les Loix qui leur ſont particulieres.

La Légiſlation & la manutention de l'ordre public ſont paſſées du Clergé aux Gens de robe; les uns & les autres ayant étudié des corps de Droit pédanteſques & remplis de formules & de formalités. Tout eſt devenu forme en ce Royaume; & autant de nouvelles Loix contre l'abus;

autant de sources fécondes de subtilités nouvelles & abusives.

Nous ne sommes point encore tirés des griffes de la Chicane; les dernieres Ordonnances, publiées au nom du feu Roi, pour l'abréviation des procédures, les ont multipliées réellement ; elles ont occasionné de nouveaux frais aux Plaideurs, & les délais pour juger la forme, sont un préalable qui retarde plus que jamais les jugemens définitifs des procès au fond. Toutes les autres parties du Gouvernement ne sont pareillement qu'un chaos de regles, de gênes & de contradictions. La Finance, le Commerce, & même le Militaire, sont enveloppés dans ce dédale d'étude & de pratique.

Voilà une hydre dans notre Gouvernement; mais s'il est vrai qu'il y a des abus, si l'on a raison de s'en plaindre, qu'on se persuade que tout Gouvernement est beaucoup plus difficile à réformer qu'à former; car il faut aller aux sources & aux principes de sa composition; il faut connoître le droit de convenance, qui est la voix de la raison & la source du bonheur public ; il faut savoir le préférer aux droits des titres, & même à celui de la possession, & dans

B iij

un si grand édifice, personne n'ose poser la premiere pierre.

Il a été facile aux petits esprits qui ont mis la main à notre Gouvernement, d'introduire des regles compliquées : mais où est le génie qui ramenera les choses du composé au simple ?

Tel est cependant le véritable objet de la Science qu'on appelle Politique, conduire un État en le faisant passer par tous les degrés de perfection dont il est susceptible.

Les flatteurs persuadent aux Princes que leurs forces & leur attention ne doivent être employées qu'à les rendre redoutables au dehors. Le devoir leur dit le contraire : & la gloire, dont il est tant question pour immortaliser les regnes, que conseillera-t-elle, même aux Princes conquérans & ambitieux, quand leurs intérêts seront bien entendus, sinon que les forces d'un Etat tombent par négligence, & s'augmentent par la bonne administration du dedans ?

Lieux communs, si l'on veut, que la redite de ces maximes ; mais elles ont été si peu appliquées jusqu'ici, qu'elles ont plus que jamais le droit d'être méditées.

Ne se lassera-t-on pas d'estimer comme les plus grandes époques d'un regne, l'acquisition ou la conquête d'une Province ? & a-t-on toujours exactement calculé combien il en coutoit à l'abondance des anciennes Provinces, pour en acquérir une nouvelle.

Un nouveau trône mis dans la Maison Royale, a couté à la France la moitié de ses forces intérieures.

Des bâtimens immenses chargent l'Etat de dettes ; une branche de commerce acquise à prix d'argent, ne procure qu'une fausse utilité au Royaume en général, & enrichit seulement quelques villes, ou des particuliers qui sont déjà dans l'abondance.

Voilà pourtant les grands objets qu'on regarde ordinairement comme le fruit de la Politique ; voilà ce qui fait l'éclat des regnes. Nous respectons encore ces préjugés, restes de barbarie, vestiges de l'ancien chaos.

Les autres Sciences sont approfondies. La Politique est dans son enfance ; on ne veut ni réfléchir ni calculer ; & si on raisonne avec liberté, on trouvera qu'en tout cela nous ressemblons à ce cerf de la Fable, qui se glorifioit de son bois embarrassant, & qui méprisoit ses jambes agiles.

Nous avons des mines abondantes dans l'Agriculture, une industrie, une situation & des forces suffisantes que nous négligeons ; tandis que nous nous livrons à une fausse idée de grandeur & d'acquisitions, qui nous affoiblit.

Au lieu de cette dissipation extérieure, nous augmenterions nos forces en les concentrant davantage. Portons notre principale attention sur les affaires de la campagne, sur le commerce intérieur, préférable infiniment à celui du dehors ; sur la mesure de liberté & de gêne qu'il faut laisser aux travaux des Citoyens, sur l'égalité des biens, sur les habitations & la population, sur les ressorts de l'intérêt qui fait agir ou qui fait négliger ; voilà des objets pour le Gouvernement politique, qui produiroient la véritable gloire, même au dehors, & non une gloire vaine & stérile qu'on a coutume de rechercher.

On ne pense pas assez à cette mesure de liberté dont je viens de parler ; c'est celle que les Loix doivent laisser à ceux qui leur sont soumis, pour qu'ils conservent tout l'essor naturel qui conduit aux grandes choses ; mais qui réprime, quand il faut, la licence qui trouble l'ordre général ; souvent ou tout est gêne, ou tout est désordre.

sur le Gouvernement de France. 25

Cette obfervation ne tombe pas feulement fur le fimple particulier fujet à la Loi ; elle s'applique encore mieux à ceux qui la font obferver, & à la Loi même.

Les Souverains doivent tirer leur premiere regle de conduite de celle de Dieu même, qu'ils doivent imiter en gouvernant.

Dieu gouverne, Dieu concourt ; mais il laiffe agir librement les caufes fecondes : de même un bon Roi doit régler par lui-même les principales affaires de fon Etat ; les premieres par une action immédiate, les fecondes par un pouvoir émané & délégué.

En plufieurs chofes il foutient, il protege ; en d'autres, il encourage par divers moyens ; fouvent il ne fe réferve qu'une fecrete infpection, & voit opérer plutôt qu'il n'opere.

Tout l'art du Gouvernement ne confifta jamais qu'en cette parfaite imitation de Dieu. Les Politiques ont épuifé leurs réflexions à donner ou à retrancher du pouvoir de celui qui gouverne, en faveur de ceux qui font gouvernés.

La puiffance Tribunitienne, chez les Romains, le droit des Communes & des Parlemens chez les Anglois, celui des

États Nationaux, Provinciaux, ou de Remontrances chez nous ; de tous ces remedes mal appliqués, il ne résulte que des maux ; ils partagent la puissance, tandis qu'elle doit être une & décidée. Celle de Dieu est la plus souveraine qu'on puisse imaginer ; elle est infinie ; mais elle nous laisse notre pleine liberté pour les choses qui nous regardent ; nous croyons même souvent avoir ce qui peut nous manquer : par-là l'esclave se croit maître, & agit comme tel ; nos actions & nos mérites sont à nous.

Dieu arrête l'usage de notre liberté, quand nous en mésusons, sur-tout à l'égard des autres, & il nous examine avec une justice exacte & infatigable.

Voilà l'exemple tracé pour la conduite des Souverains & de cette Puissance publique dans le Monde. Je ne ferai que répéter le portrait d'un modele infini, en l'appliquant à son parallele mortel & fini. .... Les Officiers Royaux sont ceux qui n'agissent, dans leurs fonctions, qu'au nom du Roi, & qui le représentent.

Toute administration dans le détail du Gouvernement, pour avoir le meilleur succès, doit être conduite par le Roi, ou au nom du Roi par les Officiers qui le représentent.

Mais il est possible que l'inspection Royale nuise quelquefois ; car l'action du Sujet étant plus libre, n'en est-elle pas meilleure ?

On doit admettre que cette inspection est nuisible, quand elle est poussée jusqu'à une gêne superflue. Tout doit avoir son ordre & ses loix ; tout doit avoir l'action & le ressort qui lui rendent ces regles salutaires. Ce n'est pas inutilement que le Législateur éternel nous a voulu laisser l'usage de notre liberté, comme la portion la plus précieuse de notre être. C'est peut-être en ce juste mélange d'attention & d'abandon, que consiste tout l'art du Gouvernement. Il en est de même de l'éducation des enfans. Si vous poussez trop loin l'attention, bientôt l'Art étouffe la Nature ; celle-ci ne se connoît pas elle-même, & ne sait rien produire ; au contraire, si vous négligez trop un Eleve, les vices de l'humanité prennent le dessus.

Cet art si difficile, composé de modération & de sévérité, ne regarde pas seulement la conduite de chaque Particulier ; il a pour objet le Corps des Citoyens, les Villes & les Provinces entieres.

Chaque intérêt a des principes différens. L'accord de deux intérêts particuliers se forme par une raison opposée à celui d'un tiers. C'est ce qui rend les Loix générales si difficiles à bien composer.

Pour éviter qu'elles ne soient nuisibles, elles ne peuvent être trop simples. Au défaut des Loix générales, l'arbitrage du Juge fait la Loi. Il faut donc remettre un détail nécessaire entre les mains des Juges, si vous ne voulez pas qu'ils soient vicieux ou tyrans par ignorance ou par partialité.

Il y a des intérêts de Communauté à Communauté, comme d'homme à homme ; il y en a entre les Provinces & les Villes, ainsi qu'entre les Nations. Le même principe s'applique à ces diversités. Le Souverain doit connoître quand il faut gêner les intérêts, pour les empêcher de se choquer, & quand il faut les laisser agir avec tout essor & toute liberté pour le bien général.

Pour lui permettre cet essor nécessaire, il faut que les différens Corps de Citoyens puissent s'assembler, se concilier, & agir avec une certaine indépendance. Voilà ce qui a produit originairement dans les États ce qu'on appelle *le Droit de Commune*, les Officiers Municipaux ou Populaires ; véritable Démocratie qui réside au milieu de la Monarchie.

Le peuple est naturellement porté à la licence, & en cela il est ennemi des Rois : cependant a-t-il jamais détruit ou affoibli la Monarchie, quand on lui a permis d'avoir ses Officiers, comme le Prince a les siens ?

Le plus grand défaut du Gouvernement Monarchique & absolu, c'est qu'il veut tout gouverner par ses Agens directs & Royaux. Le Prince & son Conseil en général ont communément une bonne intention ; ils voudroient tout régler au mieux & remédier aux abus ; mais le Ministre ou Conseiller particulier a souvent mauvaise intention, ou, si elle a été moins mauvaise d'abord, elle se corrompt bientôt : il veut s'arroger plus de pouvoir & de profit ; & il arrive que les abus augmentent au lieu de diminuer, & qu'ils sont d'une espece bien plus pernicieuse que ceux où peuvent tomber la multitude & les intéressés à la chose ; comme à une branche de commerce, ou à un point de police. Dans les mains du Ministre, l'objet perd son activité ; on néglige, on abuse ; bientôt c'est l'intérêt particulier qui dirige tout ; il étouffe toute idée du bien public, & tout dépérit par-là.

Avec quel tempérament, avec quel arrpourroit-on permettre une espece d'indépendance au milieu de la dépendance? Jusqu'où l'une & l'autre peuvent-elles être poussées, sans se nuire essentiellement?

Il faut d'abord considérer ce grand principe ; c'est dans l'union des parties que consiste la force d'un tout. En conséquence, lorsqu'on craint la sédition dans une ville, on empêche les Citoyens de s'assembler dans les places publiques.

Il s'ensuit du même principe, que l'assemblée des Etats Généraux est dangereuse à la Monarchie (quoi qu'en dise M. de Boulainviliers, à l'honneur de Charlemagne & de notre Nation). Les Etats d'une grande Province sont moins dangereux ; cependant ils le seroient, s'ils étoient absolus & non éclairés : mais l'assemblée du Corps de Ville le plus considérable, s'il ne fait pas partie d'une ligue, ne deviendra jamais capable de rien entreprendre contre le Souverain d'un Etat.

L'union fait la force, la désunion produit la foiblesse. Ainsi on peut diviser les parties d'un Etat, & subdiviser les spheres d'autorité, jusqu'au point où elles se suffisent à elles-mêmes pour se bien gouverner, mais où elles ne puissent porter ombrage à l'autorité générale d'où elles émanent.

Ce seroit donc un bon plan de Gouvernement, que celui où l'on morceleroit plus ou moins les Corps Nationaux & Municipaux, trouvant l'art d'en écarter le danger, & de faire que de leur indépendance il ne résultât pas une trop grande force.

Cette indépendance, du moins apparente, agiroit avec cet esprit de liberté qui encourage tous les travaux & augmente les profits sans détour & sans trouble, tandis que la servitude sentant qu'elle n'acquiert que pour autrui, n'est bientôt plus que paresse, stupidité & misère.

Plus le peuple sent, dans les Réglemens, son intérêt direct & prochain, plus il se prête volontiers ; il devient lui-même le solliciteur de la Loi : & peut-il y avoir d'autres Loix durables, que celles qui se maintiennent par l'agrément & l'utilité du plus grand nombre ?

L'autorité Royale juge la premiere du besoin de la Loi ; & elle la maintient aisément, lorsque l'intérêt du public y veille de concert avec elle.

De là, deux pouvoirs nécessaires à soutenir dans leurs rôles différens ; l'un doit être maintenu par les Officiers Royaux, l'autre par les Officiers du Peuple.

A-t-on eu jusqu'ici, dans notre Gouvernement, des idées bien nettes de ces deux fonctions? les Officiers Royaux ne se trouvent-ils pas aujourd'hui chargés seuls de la police générale & particuliere, de l'entretien de tous les ouvrages publics, de l'exécution des Loix; de stipuler eux seuls les intérêts du Public, qu'ils ne peuvent souvent ou ne veulent pas connoître, & de pourvoir à toutes les choses où les Représentans du peuple & les plus simples Particuliers eussent mieux travaillé pour le bien commun, que tous ces Agens Royaux qui ne participent à la Royauté que par ses défauts.

Un grand bâtiment se conduit par un Architecte & quelques Piqueurs sous lui; mais tout n'y est pas en ordonnateurs; il y faut des bras, & ces bras sont les Ouvriers qui travaillent pour leur compte & à leur tâche. A toute œuvre compliquée, il y faut la tête pour conduire, & les bras pour exécuter. L'exécution doit jouir d'une certaine liberté qui laisse l'usage de son intelligence, & un intérêt d'honneur & de profit qui anime l'émulation. Dans cette comparaison, nous trouverons l'image des deux pouvoirs dont je viens de parler, comme les Romains la trou-

verent

verent dans le célebre apologue des membres & de l'estomac.

Nous voyons que la Nature se répare d'elle-même en tout individu : un sage Médecin n'entreprend point de suppléer aux fonctions naturelles de son malade ; le plus habile laisse beaucoup à faire à la Nature.

Si l'intérêt public est écouté, si on le laisse agir sans confusion, il produit un mouvement de continuité & de renouvellement qui va en augmentant, & se perfectionne, au lieu de se relâcher ni de cesser. Voilà ce qui fait fleurir l'intérieur des Républiques ; telle est la source des Loix efficaces, & l'exclusion des fausses subtilités dans leur exécution.

Au contraire, dans un État qui n'est occupé que des intérêts du Despotisme, tout est violence ou négligence ; les ressorts ne marchent que par secousse ; les impulsions au bien ne sont que momentanées ; quelque éclat au dehors, tout est langueur en dedans ; il vaut bien mieux, en maintenant les Loix constitutives de la Monarchie, laisser son action au corps de la Nation, & ne réserver à l'autorité Royale que la décision sur les principales difficultés.

C

A l'égard des Réglemens qui concernent le simple peuple, ses intérêts, sa prospérité, les soins particuliers, locaux, momentanés, qui ne peuvent se réduire à des principes généraux, ou à une exéution uniforme, qui peut mieux s'en acquitter que les Syndics du Peuple même?

La puissance publique, l'administration générale roulent sur deux grands points, la justice & la force : le Public, intéressé à ce qu'elle soit bien exercée, peut mieux connoître la justice ; il faut que la force soit entre les mains d'un seul, ou employée en son nom.

Les Ministres choisis par le Monarque seul ont ordinairement les défauts de leurs commettans ; ils s'occupent plus du maintien de leur autorité, que du bien général. Les bons Rois devroient faire de leur Peuple leurs Ministres, ou du moins l'admettre dans leurs conseils ; ils ne craindroient pas d'être alors abusés, & leur Nation ne seroit point trahie.

Quelle belle idée que celle d'une République protégée par un Roi, & qui se gouverne d'autant mieux, qu'elle est mieux protégée! L'Usurpateur Cromwel se déclara Protecteur de l'Angleterre. O Rois! vous devriez envier ce beau titre à ce détestable Tyran.

Un Roi a communément plus de raison de se confier en son Peuple, qu'aux Grands de son Royaume; en effet, ceux-ci peuvent porter leurs prétentions jusqu'à usurper l'autorité Royale; du moins veulent-ils la partager. Le Peuple, au contraire, ne forme point de pareils projets; il consent à servir, pourvu que ses Maîtres soient bons & justes. La Noblesse rampe quelquefois, & la flatterie qu'elle prodigue est plus goûtée du Souverain, parce qu'elle semble l'honorer; mais les éloges & les complimens du Peuple sont plus simples & de meilleure foi. Quand les Rois peuvent les entendre, c'est à ceux-ci qu'ils doivent s'en rapporter; mais on les trompe sur la vérité & la réalité de ce qu'on pense d'eux: c'est ce qui doit faire trembler les Rois; tel s'imagine être aimé de toute sa Nation, qui en est haï & méprisé. En général, les Rois n'aiment point à être Tyrans; mais la plupart le sont sans le savoir.

Il faut être autant en garde contre la réforme, que contre les abus. Il y a bien des abus qui ne peuvent se rectifier sans renverser l'usage établi de tous les temps, & changer la constitution de l'État; mais on conclut souvent mal à propos de l'abus, contre l'établissement même. Comment ne sent-on pas que ce qui subsiste depuis bien des siecles, est toujours fonciérement bon, & propre au Pays & à la Nation qui l'ont adopté. La plupart des établissemens ont été bons dans leur principe, & se sont ensuite gâtés & déformés; il ne faut que les ramener à leur institution primitive. Quelquefois aussi ces établissemens ont été d'abord mauvais; mais ils se sont rectifiés d'eux-mêmes dans le cours de leur durée, & ensuite déformés. Dans ce cas, il faut les ramener au point où ils ont été le plus utiles.

J'avois à établir ces principes préliminaires, avant que d'en exposer l'application par des exemples, & de proposer des conseils.

CHAPITRE III.

De la Monarchie, de l'Aristocratie & de la Démocratie chez les Nations étrangeres à la France.

ARTICLE PREMIER.
Division des Gouvernemens de l'Europe.

Nous avons déjà distingué les especes de Gouvernemens.

Il y a en Europe quatre Républiques Aristocratiques ; Venise, Gênes, la Pologne, & le Corps Germanique ; deux Démocratiques, la Hollande & la Suisse : de grandes Monarchies, telles que la France, le Danemarck, l'Espagne, le Portugal, la Sardaigne, le Pape, les deux Siciles, & les Souverainetés particulieres de l'Allemagne & de l'Italie : deux Puissances passent pour être Despotiques, la Russie & la Turquie ; deux Gouvernemens sont mêlés de Monarchie, d'Aristocratie & de Démocratie, ce sont ceux de l'Angleterre & de la Suede.

On n'exposera point dans ce chapitre quel est le Gouvernement François ; sur lequel on s'étendra assez dans la suite de cet Ouvrage.

ARTICLE II.

De l'Angleterre.

Le Gouvernement de l'Angleterre est le plus intéressant de tous ceux de l'Europe; mais les Anglois se persuadent sans doute que leur constitution est très-différente de ce qu'elle est en effet. La Monarchie Angloise a été despotique, comme toutes les autres l'ont été au sortir de la barbarie; ensuite les Seigneurs ou Barons se sont élevés à côté du Monarque, & enfin le Peuple, aidé d'abord par le Roi, a fini par gagner sur le Monarque & sur les Seigneurs. De ces trois pouvoirs qui subsistent ensemble, chacun vante ses droits, mais mesure mal l'étendue de son pouvoir. Leurs succès ont dépendu du temps, des circonstances, & des Rois qui les ont gouvernés.

Les Anglois pensent avoir puisé dans le Gouvernement des Romains tout ce qu'il y avoit de meilleur, & avoir corrigé ses défauts; mais ils doivent, pour ainsi dire, au hasard leur constitution actuelle. Leur activité leur a procuré une richesse semblable à celle de Carthage, & cette richesse fait déjà l'objet de l'envie des Nations.

Un peuple de Marchands ne s'adonne jamais à la guerre ; quelque valeureux qu'il soit par lui-même, il dédaigne la force, & s'enfevelit dans fes commodités. Les troupes mercenaires & étrangeres fervent mal les deffeins de l'État ; elles ne tiennent pas contre celles qui font la guerre pour le compte de leur propre Nation.

On ignoroit chez les Anciens ce fléau qui accable aujourd'hui les grands États, appelés *dettes nationales*. La guerre fe faifoit alors *en nature*, & actuellement elle fe fait, pour ainfi dire, *en argent*. Les Anglois, qui ont, dans l'étendue de leurs Ifles, moins de reffources réelles qu'ils n'ont trouvé de crédit, fondés fur l'opinion de leur commerce & du bon ordre de leurs finances, ont mis à la mode cette maniere de tenir tête aux Puiffances qui ont le plus de terres & d'hommes : mais la richeffe entraîne une facilité de dépenfer, qui engage à excéder fes forces ; le temps préfent prend fur l'avenir ; les dettes publiques étant une fois accumulées, forment un obftacle à toute entreprife politique. Si l'État devient pauvre en épuifant fon crédit, & que les Particuliers reftent riches, ceux-ci fe détachent encore davantage de l'intérêt commun, & il est plus difficile d'en tirer des secours, qui ne s'accordent que par zele ou par soumission.

Ce qui feroit connoître au peuple Anglois ses véritables intérêts, ne peut rouler que sur trois grands motifs, celui de la Religion, celui de la liberté, & celui du commerce. Mais le premier objet est trop indifférent aux Anglois; ils regardent le second comme leur étant parfaitement acquis, & ils ne s'occupent plus que de l'argent; tout va à l'argent chez eux. C'est de là qu'est né chez ces Insulaires ce systême de corruption qui perdra peut-être l'Angleterre. Le Roi ayant encore la disposition de quelques sommes, a d'abord acheté des voix dans le Parlement, pour soutenir son autorité; à la fin il a fallu payer les Représentans de la Nation, pour leur faire agréer les arrangemens les plus utiles à leurs intérêts, les empêcher d'user du pouvoir législatif qu'ils se sont attribué; pour faire de mauvaises Loix ou les engager à les détruire par des bills contraires. Est-ce un Gouvernement parfait, que celui qui est réduit à de pareilles extrémités? Convenons cependant que ce Gouvernement étoit parvenu à un

sur le Gouvernement de France. 41

certain degré de perfection ; mais le Peuple a abusé du pouvoir qu'il avoit obtenu. Il auroit besoin de se faire des principes plus certains, & de mieux régler le choix de ses Représentans & l'usage du pouvoir qui leur est confié.

Depuis l'affreux regne du cruel Henri VIII, les Anglois ont craint leurs Rois comme leurs plus mortels ennemis. La gloire du regne d'Élisabeth n'a pu les réconcilier avec la Royauté. Les Stuarts se sont fait mépriser. On a soupçonné ces Monarques d'avoir dans le cœur & dans l'esprit des principes despotiques, & de ne manquer que de force pour les employer. Hélas ! ces Princes infortunés manquoient plutôt de toute espèce de principes ; leurs Sujets les ont durement corrigés. Il paroît que les Anglois n'ont point senti, & ne sentent point encore qu'il y a un bien meilleur parti à tirer de la Royauté, que celui d'anéantir son autorité. Ils auroient pu rendre leurs Rois utiles, ils les rendent nuls ; ils les forcent à trembler ; mais ne les engagent point à bien faire. Ce n'est point là avoir trouvé ce parfait mélange des trois Gouvernemens, qui est vraiment la pierre philosophale de l'Administration publique. Oui, le chef-d'œuvre de l'esprit humain est ce juste mélange ; mais il y a toujours à craindre que ces trois rivales ne cessent jamais de se combattre jusqu'à l'entier anéantissement de deux ; elles peuvent bien être admises ensemble pour être consultées, ou pour rester en subordination l'une de l'autre ; mais tant qu'elles se trouveront en concurrence de droit & de force, elles se choqueront & se détruiront à la fin.

Article III (*).
La Suede.

La Suede a éprouvé toutes sortes de révolutions dans son Gouvernement. A peine les Rois de ce pays venoient-ils d'obtenir le pouvoir arbitraire, que Charles XII en a dégoûté les Peuples ; &, aussitôt après sa mort, on a puni ses Successeurs de son pouvoir, on a rendu la Couronne élective, & on a soumis l'autorité Royale à celui des États Généraux du Royaume.

La circonstance d'une nouvelle Maison établie sur le Trône, a servi pour déterminer la Nation à déférer sans trouble aux volontés du Sénat. Mais qu'on ne

---

(*) Ecrit bien avant la Révolution de 1773.

s'attende pas que cette Administration doive toujours durer; je viens d'établir le principe contraire, en finissant l'article de l'Angleterre.

Cependant l'avarice n'est point le défaut des Suédois, comme elle est celui des Anglois. La soif de l'or est comparée à celle qu'ont les Hydropiques; plus on a, plus on souhaite : par la raison des contraires, moins l'on a, moins l'on désire. L'or manque en Suede, les Particuliers le recherchent peu; mais on y reçoit volontiers nos subsides, qui donnent de grandes forces à l'État en général. On y veut du travail, de la gloire & quelque aisance; le sol y fournit à peine le nécessaire.

> La Nature, marâtre en ces affreux climats,
> Ne produit, au lieu d'or, que du fer; des soldats;
> Son front tout hérissé n'offre aux désirs de l'homme
> Rien qui puisse tenter l'avarice de Rome.
> *Crébillon, Rhadamiste.*

Tels étoient autrefois ces pays du Nord qui ont inondé le Monde de leurs habitans. Alors la Nature suffisoit à l'homme, la Religion n'avoit pas encore mis en regle le mariage; les accouplemens indifférens y donnoient plus d'habitans que la terre n'en pouvoit porter. Les mœurs y sont certainement bien changées ; mais il y reste encore un esprit d'économie & de désintéressement ; le pays même a cette qualité, qu'à choses égales, il se peuple plutôt que les autres, quand la guerre a cessé de le dépeupler.

Ainsi la Suede s'est racommodée sensiblement depuis qu'elle jouit de la paix, c'est-à-dire, depuis la mort de Charles XII. Un des plus grands avantages dont le Ciel puisse douer une Nation, est que le repos y rétablisse les forces, sans y énerver le courage.

En Suede, l'esprit national est l'honneur ; le luxe ni la douceur de l'air n'y peuvent amollir les habitans. Avec un tel principe & une semblable Administration, les affaires du Public, moins abandonnées aux Officiers Royaux, doivent être mieux soignées, la police générale & particuliere tout autrement exercée, les intérêts nationaux mieux connus, la campagne & les petites villes plus habitées & plus florissantes.

La vénalité des Offices n'y a pas été introduite. En France, elle a tout inondé d'Offices bursaux, qui ont ôté toutes fonctions aux véritables protecteurs de l'intérêt public ; elle est même devenue un moyen ordinaire de lever de l'argent, & rien n'a échappé à cette fatale vûe.

La Suede se tourne de plus en plus en République, par l'autorité du Sénat & la fréquence de l'assemblée des États Généraux. La Royauté se réduit à une simple Présidence, comme celle des Doges de Venise & de Gênes, & comme seroit le Roi de Pologne, s'il n'avoit pas des États Héréditaires hors du Royaume.

Quand de pareilles Républiques voudront conserver leurs prérogatives, qu'elles se préservent d'élire des Chefs, ayant pour eux des appuis étrangers, comme sont les Princes des grandes Maisons régnantes en Europe, & sur-tout ceux qui possedent ailleurs des Souverainetés considérables. Plus ces appuis seront importans, plus le droit d'élection sera en danger, & la liberté des Peuples près de sa fin.

Un Roi de Pologne Electeur de Saxe, un Roi d'Angleterre riche & puissant en Allemagne, & même un Prince d'Orange trop grand Seigneur dans les Provinces Unies & trop bien allié, tout cela peut être dangereux pour l'équilibre des suffrages & la liberté Républicaine, qui peut craindre de ne les avoir élevés qu'à son propre dommage.

Lorsqu'indépendamment d'un Roi ou Doge sans autorité, les États Généraux d'une Nation sont composés de trois Ordres, Clergé, Noblesse, Tiers-État, & même Paysans, comme en Suede, & qu'il faut que les délibérations de ces Ordres différens concourent également aux décisions, le Gouvernement n'en est pas moins mixte; car l'Aristocratie consiste dans le privilége exclusif attribué à la Noblesse de gouverner les Roturiers. Dans la Démocratie, la Noblesse ne fait que partie du Peuple, & est confondue avec lui.

La Suede est donc un Gouvernement mixte, comme l'Angleterre; mais elle n'a pas encore pris une assiette bien fixe. Mille circonstances, divers accidens peuvent déranger l'équilibre de ce mélange des différens Gouvernemens. Comment ce chaos se débrouillera-t-il? Ne sera-ce pas un bien pour la Suede, si la Monarchie, rectifiée & modérée, prend le dessus?

Article IV.

Venise.

La République de Venise est purement Aristocratique ; les Nobles y regnent, non avec confusion, mais au contraire avec un ordre & des regles constantes, qui ont fait, avec raison, l'admiration des Politiques.

L'ordre Aristocratique établi à Venise, n'accorde pas seulement les Nobles entre eux, il garantit encore la République de se déformer & de passer à la Démocratie ; il met même quelque frein à la tyrannie, du moins du plus grand nombre des Nobles sur les Roturiers. En Pologne, le Paysan n'est garanti que par le ménagement que chacun a pour son bien ; l'habitant y est serf ou esclave. A Venise, la jalousie des Nobles moins aisés, contre les plus riches, maintient l'ordre, soutient les Loix & la morale, & préserve de la vexation. L'habitant est considéré comme appartenant à la République & non à la Noblesse, & y est ménagé en cette qualité.

Il ne résulte donc de la supériorité de la Noblesse sur les autres Citoyens, aucun appauvriffement dans le plat-pays ; au contraire, les Peuples font fort ménagés en Terre-ferme, par prudence ; on y eft doux, faute de citadelles & d'armée. La République cherche à retenir fes Sujets par amour, & elle ne fe fouvient que fes Provinces font pays de conquêtes, que pour les ménager davantage. Quand on la dépouilla rapidement par les fuites de la Ligue de Cambrai, les Provinces qui lui étoient enlevées regrettoient le joug de Saint-Marc, & y rentroient avec joie.

De cette obfervation, il réfulte une chofe remarquable pour la matiere que nous traitons, c'eft que le peuple, fous un Gouvernement auffi Ariftocratique que celui de Venife, jouit cependant des avantages de la Démocratie en Terre-ferme. Les Nobles de Terre-ferme font humiliés par les Nobles Vénitiens, & le Peuple y eft tranquille & heureux : exemple à citer devant une Monarchie, qui peut plus aifément l'adopter, que l'Ariftocratie n'a pu le produire.

Les Républiques font deftinées à concentrer leurs forces, & à demeurer contentes de ce qu'elles ont ; malheur à elles, quand elles veulent trancher de la Royauté ! où il leur arrive de tomber fous les Tyrans,

Tyrans, comme la République Romaine, ou de se ruiner par des guerres d'humeur ou par des efforts malheureux, comme Carthage, & successivement Athenes, Sparte & Thebes, lorsque ces illustres Républiques prétendirent dominer sur le reste de la Grece, & s'étendre en Italie & en Sicile.

Venise elle-même a éprouvé les abus d'une politique trop raffinée & trop ambitieuse. Elle avoit trop étendu ses conquêtes, sous prétexte d'étendre son commerce & celui de ses Concitoyens; elle avoit inspiré une envie universelle par un commerce forcé; enfin, elle mortifioit ses voisins par des vûes inquietes; mais elle est revenue de ses erreurs, & sent à présent qu'une sage République observe plutôt qu'elle n'appuie les intérêts des autres Puissances dans les affaires générales de l'Europe.

ARTICLE V.

Gênes.

Gênes imite Venise; mais il s'en faut bien que les principes de ces deux Gouvernemens soient également bons. La preuve en est dans toutes les révolutions que nous expose l'Histore de Gênes ; révolutions venues des défauts internes, de l'envie des Citoyens, des intrigues des partis acharnés à se perdre, comme ceux des Adornes & des Frégoses, appelant alternativement les grandes Puissances du dehors, pour subjuguer la République ; & enfin de la concurrence de deux ordres dans la Noblesse, que l'on distingue par les noms d'*ancien* & de *nouveau Portique*. Il faut convenir cependant que cette division, qui autrefois a produit des troubles dans Gênes, a fini par n'avoir plus d'autre effet que celui d'une simple émulation entre les familles ; de nos jours même elle s'est réduite à rien. Il s'est formé des alliances & des liaisons d'amour ou d'amitié entre les Nobles des deux Portiques, & des jalousies entre ceux d'une même origine, qui ont tout confondu ; ainsi cette cause de séparation ne subsiste plus. Au reste, il faut qu'il y ait toujours quelque jalousie entre les Membres d'un Etat Républicain ; quand elle n'est pas trop forte, elle est utile ; car les uns contrôlent les autres.

La République de Gênes est commerçante, & même *banquiere*. Elle a contracté les défauts des professions qu'elle a embrassées ; la source de ses richesses l'a rendue odieuse ; &, de tout temps, la réputation des Génois a été leur plus cruelle ennemie.

Toutes ces petites Républiques n'ont souvent qu'un instant de chaleur pour le bien commun ; c'est dans les premiers momens d'une liberté recouvrée, ou lorsqu'on se croit en danger de la perdre entiérement : alors tout est héroïsme & merveille ; mais bientôt, dans le calme, tout devient indolence & apathie ; l'intérêt particulier occupant seul, mine l'intérêt général. L'inégalité des fortunes trouble l'ordre ; les places & les honneurs ne servent plus qu'à nourrir l'ambition des Particuliers.

Article VI (*).

La Pologne.

La Pologne, que j'ai déjà citée, présente à la fois tous les inconvéniens de l'Aristocratie & de la multitude, quoique le Gouvernement ait ses regles, bonnes en apparence, & que la Noblesse s'est dictée à elle-même.

───────────────
(*) Il est inutile d'avertir que cet article n'a presque plus d'application à l'état actuel de la Pologne.

Considérations

La folie de chaque Nation est de vanter ses propres Loix, & la sottise des Etrangers est d'admirer celles qu'ils ont pris la peine d'étudier. Ils se récompensent par des éloges, du temps qu'ils ont perdu à les approfondir : on en fait accroire aux autres, & on s'entête soi-même de ce qu'on sait & que le reste ignore. C'est ce que j'ai vu arriver par rapport aux Loix de la Pologne, tant aux Polonois mêmes qu'à des gens qui avoient vécu chez eux. Mais quand la constitution de ce Royaume eût été bonne, le Pays ni la Nation ne pouvoient en profiter ; & l'on a déjà vu, & l'on verra encore mieux par la suite, à quoi ces belles Loix pouvoient servir aux Polonois.

La Pologne se glorifie d'avoir retenu la puissance Royale dans les plus justes bornes, leur Roi ne pouvant faire que des graces & jamais de mal ; effectivement, il donne des Charges qu'il ne peut ôter ; il accorde rémission des peines, & n'a pas ce qu'on appelle droit de vie & de mort. Mais peut-on conduire les hommes par les seules récompenses & sans la crainte des peines ? On est flatté par l'espérance ; mais le commun des hommes manque à tous ses devoirs, faute de crainte. Le Roi de Pologne homologue les délibérations de la République, & ne peut les hâter ni les changer.

Nulle liaison entre les différentes parties de l'Etat, nulle discipline, & impossibilité de l'introduire au milieu de voisins ou barbares ou ambitieux.

L'esprit & la valeur des Polonois ont pu leur être utiles & glorieux il y a cent ans & plus; mais depuis que les autres Nations ont appris tous les nouveaux Arts qui rectifient les Gouvernemens, & ont fait tant de découvertes modernes dans le métier de la guerre, la valeur Polonoise devient inutile, faute de nerf & de conduite. Nulle voix n'est écoutée dans les Dietes, & leur éloquence naturelle (car ils en ont) est en pure perte; les privilèges s'opposent à tout, & n'excitent à rien. Le Pays est pauvre en argent, & même en productions. Chaque Noble a droit de préférer son économie particuliere, à celle du bien général, qui n'est considéré que de fort loin. La nécessité de l'unanimité dans les suffrages, est à la vérité une grande sûreté pour la conservation de leur précieuse liberté, & pour faire garder à leurs Rois les *pacta conventa* : mais c'est aussi un grand

D iij

obstacle à tout bien ; car il arrive souvent qu'un fou qui proteste, l'emporte sur quarante mille sages qui votent.

De là, nulle défense ni sûreté pour l'Etat. La Pologne reste ouverte de tous côtés, & n'est plus qu'au premier occupant ; elle n'aura bientôt plus de force que dans sa foiblesse. On enviera peu une telle conquête, ou on la rendra aussi facilement qu'on s'en sera emparé ; & les Souverains voisins qui se la disputeroient, savent qu'aucun d'eux ne se l'annexera à demeure.

En France, nous tendions à cette Anarchie sous notre ancien Gouvernement féodal, lorsque peu à peu nos Rois de la troisieme Race ont détruit l'Aristocratie pied à pied. On ne peut pas dire absolument que des principes bien médités aient consommé cet ouvrage ; un objet continuel d'inquiétude & d'heureux hazards l'ont conduit. Le pouvoir choquant de nos Ducs & Comtes Souverains les ont d'abord séparés de l'intérêt commun de leurs Pairs : la jalousie des plus foibles, l'heureuse félonie de quelques-uns, des confiscations applaudies par des égaux envieux, des mariages & des donations ; telles sont les voies par où la Monarchie a dissipé les ligues; c'est par la discorde & la défiance que la Souveraineté a été ramenée à l'union qui lui est nécessaire. La maxime *divide & impera*, a été heureusement employée par nos Rois.

La différence entre l'Aristocratie de Pologne & celle de notre Gouvernement féodal, est que la premiere a reçu des regles fixes, & que ces regles ont établi une sorte d'égalité entre les Membres, quoique sous des classes différentes; au lieu que la seconde n'ayant jamais été établie que par le hazard de différens degrés d'usurpation, elle n'a point eu de loi certaine; nos Rois se sont trop bien conduits, pour le permettre: fixer des loix à un abus, c'est l'autoriser & le rendre durable. La loi du plus fort avoit formé cette usurpation; elle devenoit odieuse, & ainsi elle n'a jamais été plus proche de sa destruction, que dans le temps de sa plus grande force.

Article VII.

Le Corps Germanique.

C'est une association de Princes Souverains & de Villes libres, qui doit être considérée en elle-même comme une véritable Aristocratie.

Le Corps Germanique a grand nombre de ces Réglemens que je viens de rappeler, qui manquoient à notre Gouvernement féodal. Ces Loix empêchent du moins le renversement total du Corps, si elles ne le conservent pas intégralement, & si elles ne préviennent pas son affoiblissement.

On ne dira pas du Corps Germanique, qu'il soit acéphale ; sa tête (*) pese autant que tout le corps, si même elle ne l'emporte : semblable au Jupiter d'Homere, qui se vantoit de pouvoir enlever tous les Dieux de l'Olympe à la fois avec une chaîne. Il faut faire entrer dans la supputation des forces de la Maison d'Autriche, la grande supériorité de puissance attachée à l'union de ces Etats sous un même Maître, en comparaison des Puissances dispersées dans l'Empire, qui se ligueroient ensemble s'il étoit question de résister à leur Chef.

Mais il faut convenir qu'heureusement pour l'Europe, il y a encore bien loin des progrès que l'Empereur a faits sur les Vassaux de l'Empire, à ceux qu'il voudroit peut-être faire, & à ceux qu'ont faits les descendans de Hugues Capet.

───────────────

(*) En supposant la Couronne Impériale toujours appartenante au Maître des Etats Autrichiens.

Le Chef d'un Corps tel que l'Empire, ayant acquis une certaine mesure de puissance, doit se servir de tout pour l'accroître ; les droits ou les prétextes pour l'établir ne lui manqueront point ; qu'il ne néglige aucune des occasions de les faire valoir, & ce ne sera plus que l'affaire du temps ; il employera pour lui les avantages d'un inconvénient qui, s'il ne le faisoit valoir, ne seroit rien en lui-même ; c'est l'inégalité entre les Membres : il engagera les grands Vassaux, en les flattant de plus de grandeur ; les petits, par un secours qui leur deviendra nécessaire, &, à l'ombre de la protection, il amenera leur dépendance.

Article VIII.

La Hollande.

La Hollande, ou, pour mieux dire, l'alliance des Sept Provinces-Unies, a plusieurs objets ; conserver sept Souverainetés particulieres, purement Démocratiques, dans leur indépendance l'une de l'autre ; maintenir l'association de ces provinces pour le bien commun, & en gouverner les intérêts politiques au dehors.

Cette association est également Démocratique ; elle eſt conduite par un petit nombre de Députés des Peuples, qui n'ont qu'un caractere momentané, & qui retombent dans l'état privé & dans l'égalité, lorſque le temps de leur commiſſion eſt fini.

On connoit peu de Nobleſſe originaire en Hollande. Ce qui en reſte eſt ſuſpect au Gouvernement. Tel en eſt l'eſprit ; & quoique le temps & les abus travaillent à défigurer tous les jours les plus ſalutaires conſtitutions, ce pays-là n'a pas encore renoncé aux ſiennes. Ainſi voilà un Gouvernement vraiment Démocratique : quant à ſa bonté, on peut en appeler aux effets.

Tout le terrein des ſept Provinces-Unies, en déduiſant les eaux qui y ſont enclavées, n'a pas plus d'étendue que notre Normandie. Un ſi petit pays a fait le plus grand commerce dans les quatre parties du Monde, & en fait encore un conſidérable. Il a fourni des ſommes immenſes pour divers établiſſemens, & a ſubvenu à des guerres qui auroient fait ſuccomber les plus puiſſantes Monarchies. Mais ce qui eſt plus admirable, c'eſt la perfection intérieure du pays en toutes choſes. C'eſt ce bon entretien, cette

sur le Gouvernement de France. 59

propreté presque divine qui regne dans le public comme dans le particulier, & qui procure des beautés inconnues ailleurs. Si les Souverains raisonnoient bien, il semble qu'ils ne devroient permettre les profits du dehors, que quand toutes les perfections du dedans sont épuisées. Il y a longtemps que la Hollande en est là, & cela se continue par soi-même, sans aucune altération ni relâchement, & avec des soins & une patience nécessaires, si l'on veut, à la situation du pays; mais qui, passant le besoin, montre bien que cette assiduité infatigable est propre à la Nation.

En général, que l'on voyage dans les lieux où une République avoisine un Etat Monarchique, il se trouve toujours des enclaves par où ces Souverainetés différentes sont mêlées ensemble. On connoit aisément quelles sont les terres de la République & celles de la Monarchie, par le bon état des ouvrages publics, même des héritages particuliers; celles-ci sont négligées; celles-là sont en valeur & florissantes.

Grande étude pour tout Monarque qui voudra véritablement policer son Etat.

Les ressorts qui produisent ce mouvement dans les Républiques, sont-ils absolument ennemis de la Royauté ? S'ils le sont, qu'on les exclue ; rien n'est plus juste : mais si, en les discutant, &, pour ainsi dire, en les anatomisant, on trouve qu'ils n'y nuisent pas, & même qu'ils y servent, on ose l'avancer ici, quelle stupidité d'en négliger l'examen & l'application !

L'intérêt du Peuple est l'ame de la République des Provinces - Unies. On y reconnoit la puissance publique dans l'effet des Loix ; chacun est parfaitement libre dans ce qui ne nuit point aux autres. De l'usage de cette liberté & de cette multiplicité d'intérêts qui agissent sans se choquer, résultent des effets immenses de commerce. Il paroît de loin que c'est la suite d'une convention entre tous les Commerçans de Hollande ; mais c'est une erreur. Il en est de l'accord des Hollandois entre eux, comme d'une fourmilliere ou d'une ruche d'abeilles, où chaque insecte agit suivant son instinct. Il résulte de leurs travaux un grand amas pour les besoins de la Société ; mais cela ne s'est point opéré par des ordres suprêmes, ni même par des Magistrats qui obligent chaque individu à fuivre les vûes de leur Chef.

Une partie des défauts de notre Commerce porte fur ce préjugé. On prétend faire vouloir & agir ce qui ne peut vouloir & agir que librement : on ignore que les différens intérêts du Commerce font auffi multipliés qu'il y a de Négocians dans un Etat ; mais il ne faut pas que l'admiffion d'une branche foit l'exclufion d'une autre ; au contraire, que chacun fuive fon objet avec liberté, & chacun y trouvera fon compte. Ainfi, cette fcience du Commerce ne peut pas plus être dominée par les Chefs du Gouvernement, que la Philofophie ne peut être commandée par un Souverain. Il y a long-temps qu'on a dit qu'il ne faut au Commerce que protection & liberté, & peut-être même abandonneroit-il l'une, pour jouir pleinement de l'autre.

Quand nous voudrons étudier quelques principes du Gouvernement de Hollande, nous en trouverons des traces fans fortir de chez nous, dans la portion des Pays-Bas que nous avons acquife, & qui forme une de nos frontieres. Ces Peuples s'y gouvernent encore par des Magiftrats Municipaux. Les Flamands doivent être nés avec un esprit de justesse & d'économie plus propre à l'Administration que les autres Peuples.

Ce qu'on a laissé subsister dans les Provinces des Pays-Bas, assujetties à des Monarques, de l'ancienne méthode de lever les impositions, sert plus qu'il ne nuit à l'Agriculture & au Commerce ; tout s'y ressent encore de l'excellent Gouvernement de Philippe le Bon ; cet esprit d'économie & cette liberté dans l'action du Gouvernement intérieur, qui avoient rendu les derniers Ducs de Bourgogne si riches en argent comptant, & plus puissans que nos Rois.

De là, il résulte que dans ces Provinces on voit les villes les unes sur les autres, les bourgades florissantes, la campagne bien cultivée ; tout y abonde, & tout est soigné. Les Loix féodales y sont simples & non gênantes, & les Nobles n'y paroissent pas faits pour dominer. L'esprit Flamand ne peut guere s'élever au dessus des matieres économiques & de conduite privée, mais ces Peuples ont un bon jugement ; ils sentent, ils s'estiment, & n'envient point aux autres le feu extravagant de l'imagination.

Au reste, tout Gouvernement a ses défauts. Celui de la Hollande a senti, dès les premiers temps de son établissement, le besoin d'un Général dans les occasions délicates, telles que les guerres défensives & tous les temps difficiles.

Dans les conjonctures pressantes, les Romains s'écartoient à un certain point de leur jalousie de liberté, & créoient un Dictateur ; mais à la fin les Généraux illustres enchaînerent la République. La Hollande a senti combien cet exemple pouvoit lui être appliqué. Elle l'a éprouvé depuis sa naissance, en recevant les services & écartant les dangers de la Maison de Nassau. Il n'y a plus que la reconnoissance & les grands domaines possédés dans la République, qui la lient encore avec ceux de cette Maison. Elle sait qu'elle pourroit trouver ailleurs assez de grands Capitaines pour la diriger, ou conduire ses armées, & qu'elle peut se suffire à elle-même pour ses Loix.

Les Magistrats étant, en Hollande, à temps & amovibles, il pourroit arriver que des gens neufs dans les affaires, étant élus, ne gouverneroient pas l'Etat selon ses principes & sur les derniers erremens de leurs prédécesseurs. On y remédie d'une maniere qui peut s'appliquer dans toutes sortes d'occasions semblables. On a établi des Conseillers-Pensionnaires qui sont perpétuels, mais qui ne président pas les Assemblées, & n'ont point même voix délibératives; ils ne sont que les Dépositaires de la Règle, proposent, excitent, avisent; mais ne sont maîtres de rien, si ce n'est par l'empire de la raison & de l'expérience : par-là la liberté est en sûreté, & les règles sont conservées.

Article IX.

La Suisse.

La Suisse est moins florissante que la Hollande ; le terrein y est généralement ingrat; mais ses habitans sont peut-être le modele de ce que les hommes devroient être pour être heureux ; hospitaliers par bonté d'ame, laborieux sans avidité, commerçans sans jalousie. Nous leur avons fait connoître mille commodités, qu'ils ignoroient, mais dont ils savent se passer. Plusieurs d'entre eux se distinguent dans les Arts & même dans les Sciences. Ils ont toutes les vertus militaires en partage, & n'en font usage que pour leurs Alliés. Cet exercice est leur arsenal, leur citadelle & leur politique extérieure. Par-là, ils sont devenus plus indomptables que

que ne le font les plus puiffans Etats par les traités & les victoires.

» Les Suiffes font en apparence auffi
» lourds que les Hollandois, dit un Ecri-
vain Politique fort éclairé; » le défaut
» d'imagination les rend communément
» inhabiles pour certains genres de Lit-
» térature agréable; mais leur groffiéreté
» prétendue leur laiffe un inftinct droit
» pour leurs affaires, des vûes sûres pour
» le commerce, toutes les vertus mili-
» taires en partage, excepté celles bril-
» lantes du commandement : mais fa-
» chant tirer parti de tout, ils ont fait
» de leur valeur l'un des principaux trafics
» qui jettent quelque argent en Suiffe «.

Si un tel pays étoit condamné à appartenir à un Monarque, ce feroit bientôt le plus misérable de tous les Royaumes; & d'ailleurs les Suiffes ferviroient auffi mal un Souverain qui voudroit les affujettir, qu'ils fervent bien pour leur argent ceux qui les emploient paffagérement & librement.

En quel pays trouve-t-on des montagnes cultivées jufqu'au fommet comme dans la Suiffe ? La feule liberté infpire le travail.

Ce qui perfectionne l'adminiftration

intérieure des Républiques Suisses, c'est la petitesse des Districts ; les Magistratures populaires ne réussissent pas ordinairement à conduire une étendue de pays fort considérable ; pour bien faire, il ne leur faut qu'une ville ou quelques villages ; & lorsqu'ils doivent étendre leurs soins sur un territoire plus vaste, ils se trouvent insuffisans pour les extrémités. Pendant ce temps, les grands Souverains voisins excitent des jalousies entre les villes d'égales forces ; ils encouragent quelques mauvais Citoyens à la tyrannie. C'est ainsi qu'en Italie tant de Républiques ont été tyrannisées par leurs Magistrats, & enfin détruites. Au contraire, quand ces soins sont appliqués à un objet de peu d'étendue, les intérêts réciproques se combinent mieux, les contrariétés sont moins considérables.

La Suisse est un pays de toute égalité entre les Citoyens ; & s'il y en a un au Monde où on ait égard au mérite dans les élections, ce doit être celui-là. Le mérite s'examine par les Pairs de l'Elu, à la mesure du bon sens, d'après des lumieres plus solides que subtiles, d'après les œuvres plus que d'après les manieres ; mais l'on décide mieux de ce que l'on sent, que de ce que l'on préfume. C'eſt-là toute la pénétration de ces Peuples ; nous ne la leur envions pas ; peut-être nous ſerviroit-elle mieux que ce que nous appelons ſagacité.

Article X.

L'Eſpagne.

L'Eſpagne a des Colonies très-étendues qui lui rapportent de l'or ; la Hollande en a d'aſſez petites qui ne lui rapportent que des épiceries. Cependant ce dernier Etat eſt cent fois plus fort que ne ſemble le promettre l'étendue de ſon territoire dans les différentes parties du Monde, & l'Eſpagne eſt cent fois plus foible à proportion du ſien, comparé à celui des Provinces Unies : le dedans de ces Provinces en Europe eſt floriſſant par-tout, & fourmille d'habitans; l'intérieur de l'Eſpagne n'eſt que miſere. Le partage des richeſſes du Nouveau Monde eſt fait en Eſpagne avec la plus grande inégalité, & engendre par conſéquent tous les maux politiques que produit entre Citoyens l'inégalité des biens, indépendante du travail & de l'induſtrie.

La plus grande partie des retours en eſpeces va au Roi d'Eſpagne & à quelques-uns de ses Officiers, qui s'enrichissent la plupart par des prévarications ; chargés de maintenir l'ordre, ils ont intérêt de le troubler.

Après les Vice-Rois & les Gouverneurs, quelques Marchands Espagnols y participent, non par un travail industrieux de Manufacture ou de Commerce, mais en prêtant leurs noms pour frauder la Loi par subtilité & par tromperie ; le reste de ces retours passe aux Étrangers.

C'est donc en Espagne que l'on trouve le plus de quoi prouver combien l'inégalité des richesses acquises sans soins & sans peines, est un mal dans un Etat. Il y a de certains principes où le raisonnement demande d'être appuyé par des exemples frappans, & celui-ci est du nombre.

On prétend généralement que des Citoyens fort riches font un grand bien dans un Etat, en ce qu'ils font travailler les autres : cela peut être vrai ; mais il faut qu'il y ait dans ce pays des travailleurs à proportion de ceux destinés à exciter leur industrie, sans quoi on ne feroit prospérer que l'industrie étrangere ; l'argent sortiroit du pays ; les habitans paresseux y resteroient pauvres, & l'opulence des riches seroit en pure perte pour la Nation.

Qu'on examine quel étoit l'état de l'Espagne avant la découverte de l'Amérique. Si l'on remonte aux temps les plus anciens, les Espagnes passoient pour le Pérou de l'Europe ; on ne voyoit point alors de pays plus peuplé ni mieux cultivé, plus abondant en bestiaux, plus riche en tout ; on en tiroit même de l'or (*). Eh ! pourquoi les Espagnols en ont-ils été chercher d'autre si loin, & l'ont-ils ravi aux Indiens avec tant de cruauté ? C'est par un effet de la paresse nationale. Ils ont mieux aimé faire travailler les Indiens, que de travailler eux-mêmes ; mais ils sont punis de leur avidité mal entendue.

Quand les Mores les conquirent, il faut lire les relations qu'ils firent de ces heureux pays, & les Arabes étoient connoisseurs. Mais au lieu que, sous les derniers Rois Goths, le pays étoit tranquille, les guerres des Chrétiens contre les Mahométans troublerent ce repos de l'Espagne ; il se donna une multitude de combats,

―――――――――――――――――――――

(*) Ainsi l'Espagne, aujourd'hui maîtresse du Pérou & du Potosi dans le nouveau Continent, étoit elle-même le Pérou & le Potosi de l'ancien Monde. Destinée singuliere, qui n'a fait le bonheur & la force de ses Peuples ni dans un temps, ni dans l'autre.

E iij

dans lesquels les Espagnols manifesterent un esprit militaire, chevaleresque, héroïque même, firent des actions d'une valeur inouïe ; mais rien de tout cela ne tourna au profit du bonheur des Peuples, de l'Agriculture, du Commerce, ni de l'Industrie. Cependant les Chrétiens vainqueurs souffrirent d'abord que les Mores, qui voulurent se soumettre, continuassent de vivre dans le pays où ils étoient nés ; bornés à la culture des terres, ils s'y adonnerent. L'Espagne resta encore quelque temps assez peuplée ; mais son abondance alloit décliner.

Sous le regne de Ferdinand le Catholique, l'Espagne commença à se dépeupler de Mores & de Juifs. Sous Philippe III, on força le reste à s'éloigner ou à se cacher, & l'Espagne perdit ainsi un tiers de ses habitans ; presque en même temps, elle poussa très-loin ses conquêtes en Amérique. Plus de la moitié des Espagnols alla peupler ce nouveau Monde ; ces nouveaux Colons envoyerent dans leur patrie quantité de denrées étrangeres, dont on se passoit bien auparavant, & sur-tout beaucoup d'or & d'argent. Mais on diroit que cet or étranger répugne à prendre racine chez les Espagnols, qui en ont découvert les mines; il glisse, pour ainsi dire, sur la superficie de leur pays, & il ne s'arrête que chez les autres Nations.

Depuis cette époque, l'Espagne a moins de Manufactures; elle a abandonné l'Agriculture & a augmenté en luxe, source de ruine pour les Peuples conquérans. Quelques Grands, enrichis par la découverte des Indes, prêchent le luxe par leurs exemples; les premiers Rois d'Espagne & des Indes Occidentales ont conçu des projets d'ambition extravagante.

Philippe II prétendoit conquérir la France & l'Angleterre, & ne se cachoit pas de viser à la Monarchie universelle, dont son pere jouissoit en effet; mais à quel prix ! Flotte armée d'Etrangers, travaux qui forçoient la Nature, bâtimens de mauvais goût, corruptions politiques, mille chemins par où l'argent sort d'un Royaume pour n'y jamais rentrer. On peut comparer l'or des Indes qui vient en Espagne, à celui que les Particuliers gagnent au jeu; il ne profite point; on le dissipe follement, & on finit par perdre son patrimoine. Hélas ! ce mauvais principe de conduite, si opiniâtre pour le malheur de l'Espagne, subsiste encore aujourd'hui : il semble que ce soit pour sa ruine, que la Providence lui a conservé les plus belles & les plus grandes possessions en Amérique. Il ne se fait aucun bon emploi pour le pays, de toutes les richesses qui lui arrivent chaque jour. Que les Puissances qui tiennent aujourd'hui le premier rang entre les maritimes, & semblent aspirer à la Monarchie universelle de l'Océan, craignent de leur enlever cette précieuse récolte ! C'est *l'or de Toulouse* (expression consacrée dans l'Histoire Romaine), il porte malheur à ceux qui s'en emparent. Non seulement l'or du Pérou n'a pas été utile à l'Espagne, il ne l'a pas été davantage au reste de l'Europe. Eh ! à quoi pouvoit servir un numéraire plus considérable, une masse énorme de matiere soi-disant précieuse, circulant de plus dans le Monde, sinon à faire que nos louis d'or ne valent pas plus que valoient autrefois les écus d'argent ? Si nous trouvions le secret de faire de l'or, les louis seroient aussi communs que les pieces de douze sous ; mais bientôt personne n'en seroit plus riche. Il arriveroit au numéraire ce que nous avons vu arriver à la Banque de Law ; la facilité de frapper cette monnoie fut cause qu'on la multiplia exorbitamment ; elle finit par être décriée. Je vais récapituler les articles des pertes réelles que l'Espagne a souffertes depuis environ deux cent cinquante ans.

Le tiers de ses Habitans perdu par le bannissement des Mores & des Juifs.

L'argent qui circuloit par ces proscrits.

Les supplices de l'Inquisition.

L'accroissement du Monachisme & du Clergé, & par conséquent du célibat.

Les fondations nouvelles, plus ecclésiastiques que pieuses, animées par les richesses de l'Amérique.

Le dépeuplement de la moitié du Continent en Europe, pour aller défricher l'Amérique & l'Asie.

Les nouvelles maladies venues des Indes, & qui ont choisi l'Espagne pour leur premier séjour en Europe.

L'acquisition des Provinces éloignées par la succession de la Maison de Bourgogne.

Les guerres étrangeres pour acquérir ou pour défendre ces Provinces, & d'autres également éloignées.

L'augmentation du luxe, la diminution de l'Agriculture & des Arts, & par-là une Nation livrée toute entiere à la fainéantise que lui inspire naturellement la chaleur du climat.

On reconnoît en tout cela quels peuvent être les malheureux effets d'une fausse politique, qui entraîne l'erreur universelle de toute une Nation.

Les Espagnols ont le cœur courageux & élevé ; ils aiment l'honneur, même la gloire. C'est de là que vient leur amour & leur obéissance aveugle à leurs Chefs, non par crainte, mais par une fidélité héroïque : ainsi la Monarchie est faite pour l'Espagne. Charles-Quint disoit que toutes les autres Nations vouloient être caressées, & les seuls Espagnols commandés.

Peut-être un Gouvernement Républicain ou mixte se fût-il conduit autrement lors de la découverte du Pérou ; peut-être eût-il évité les mauvais effets provenant des passions d'un homme seul, tels que les arrangemens qui font verser toutes les richesses dans les coffres d'un Roi seul ou de ses Favoris ; il eût admis la concurrence d'intérêt de toutes les villes d'Espagne propres au Commerce ; les richesses étrangeres eussent tourné au profit de tout l'Etat, comme on voit que cela est arrivé au Commerce de Hollande & de Venise.

Le Gouvernement d'Espagne a eu long-temps un mélange d'Aristocratie propre aux Nations conquérantes, comme les Goths. Les Capitaines qui venoient d'affermir le Trône, avoient obtenu leur part dans l'autorité, par la supériorité méritée de leurs services ; les distinctions avoient passé à leur race, & de là étoit venue la grande Noblesse ; elle se regardoit comme participante à la Royauté, jusqu'à ce que le Despotisme plus raffiné ait mieux servi les prétentions du Monarque, ait profité de l'ignorance des Grands, & les ait éblouis sur la source & la nature de leur grandeur.

On ne prenoit autrefois les Ministres & les Conseillers d'Etat en Espagne, que parmi les Grands ; mais de plus en plus on les écarte du maniement des affaires, pour n'y admettre que des gens sans doute de quelque mérite, mais qui doivent leur fortune à l'adresse avec laquelle ils servent le Monarque.

Le Peuple y est encore moins écouté qu'en France ; tous les Officiers de Ville & de Province sont Officiers Royaux ; l'honneur d'émaner directement du Trône, est trop précieux chez cette Nation vaine, pour que cela soit autrement. De là les Officiers négligent leurs fonctions les plus essentielles, celles de juger les Peuples avec équité & douceur ; ils vexent les foibles, & font hautement des baſſeſſes.

Les abus du Gouvernement ſont moins ſenſibles aux Eſpagnols qu'à toute autre Nation ; la privation n'eſt fâcheuſe que par le beſoin ; il leur faut peu de commodités pour le corps ; il leur faut des chimeres dans l'eſprit, & de fauſſes idées de grandeur qui les entretiennent juſqu'au dernier moment où une décadence totale leur fera ouvrir les yeux, mais trop tard ; car l'Eſpagne n'offre pas les mêmes reſſources que la France, où elles ſont ſi grandes, ſi vraies, ſi aiſées à employer, que la machine, dont les reſſorts ſont excellens, ſera bientôt, ſi l'on veut, remontée ſupérieurement à toutes les autres.

Article XI.

Le Portugal.

Le Portugal, démembré de l'Eſpagne, en a à peu près les mœurs ; le Gouvernement & la Cour de Lisbonne ſe ſont modelés ſur ceux de Madrid.

Le Portugal a auſſi ſon Pérou, qui eſt le Bréſil ; l'uſage qu'il fait de l'or n'eſt plus de faire des conquêtes ; au contraire, il en a beaucoup perdu depuis un siecle ; il ne l'applique pas davantage à se rendre plus redoutable dans l'Europe, ni à faire le bonheur de ses Peuples. Satisfaire son luxe ou quelque caprice, voilà les défauts de la Royauté ; & ces défauts, en s'enracinant dans une Monarchie, deviennent des sources de destructions.

En comparant les abus du Gouvernement Portugais avec ceux de l'Espagnol, on y trouvera un principe qui n'est pas indifférent en politique : c'est que plus un Etat est petit, mieux il se gouverne par proportion à un plus grand de la même espece. Que de conséquences à tirer de cette preuve ? Il est donc utile de diviser les soins, les biens, les Districts, & chaque sphere d'intérêt ; plus l'objet est ménagé, plus les ressorts en sont vifs & soutenus. Mais de savoir jusqu'où doit se porter cette réduction des objets, ce seroit peut-être une des premieres & des plus essentielles parties de la science pratique du Gouvernement.

On trouvera donc qu'en Portugal le bon & le mauvais étant de même espece qu'en Espagne, le bon y est le meilleur, & le mauvais moindre.

Les Colonies Portugaises étant mieux

gouvernées que celles d'Espagne, rendent davantage à proportion; on y fraude moins; les monopoles y sont plus rares; mais tous ces inconvéniens sont encore mieux prévenus dans les Colonies Hollandoises, qui dépendent d'une République.

Le dedans du Portugal est moins misérable & mieux administré qu'en Espagne, les Provinces plus peuplées.

Les Portugais n'ont éprouvé toutes les causes de dépérissement dont j'ai parlé à l'article d'Espagne, que dans un moindre degré. Ils sont à l'abri d'être conquis, au moins en Europe; ce qui est encore un très-grand avantage. Quel bien de se trouver assuré du domaine qu'on possede! Cette situation produira tôt ou tard de grands fruits en Portugal; il ne s'agit plus que d'un regne sage & intelligent. Les intérêts sont sensibles, & les moyens dans les mains de la Nation. Toute la politique du Conseil de Lisbonne se réduit à se défendre contre l'Espagne; qu'il songe donc en même temps à faire fleurir son commerce par des moyens plus efficaces que ceux qu'il a pris jusqu'à cette heure. Ces moyens ont été de ne se confier qu'à la seule Nation Angloise; &

pour prix d'une défense dont le cas est éloigné, on lui a donné en Portugal toute la réalité d'un commerce riche exclusif. Les Portugais pourront par la suite partager davantage leur alliance & leur commerce ; par-là ils s'acquerront un plus grand nombre d'amis intéressés à leur défense ; par-là ils s'occuperont eux-mêmes du commerce qu'ils peuvent faire pour leurs besoins, sans recourir à des voisins qui enlevent leur subsistance : ce sont-là les véritables intérêts de cette Nation.

Article XII.
La Sardaigne.

Les Etats du Roi de Sardaigne augmentent d'âge en âge par l'habileté de ses Souverains, & leurs espérances peuvent être encore fort grandes pour cette nouvelle Monarchie. La Maison régnante est toujours prête à profiter des jalousies de l'Europe contre les deux Maisons de France & d'Autriche, & même de l'émulation entre les deux Branches de la Maison de Bourbon. Il ne s'agit que d'habileté à profiter des occasions ; & jusques ici cette vertu n'a pas manqué au Conseil de Turin, si même elle n'a pas passé les bornes. Les Peuples ne peuvent mieux faire, que de se livrer à des Princes si vigilans pour la prospérité de la Nation.

On peut tolérer à un petit Souverain l'ardeur de s'agrandir ; elle fait partie de la nécessité de se défendre, sur-tout quand il se trouve situé entre des Princes puissans & inquiets ; mais il n'y a que Machiavel qui puisse aller plus loin, & passer aux Ducs de Savoie ; ce que leur reproche le Président Jeannin, dans son Avis sur la restitution du Marquisat de Saluce, d'user plus souvent de la finesse des Africains, que de la franchise des Septentrionaux.

Cette Monarchie est de la proportion qu'il faut pour être bien gouvernée ; aussi le Roi Victor l'avoit-il aussi bien réglée qu'eût pu l'être une République. De son temps, c'étoit, pour ainsi dire, un Etat tiré au cordeau : on y pourvoyoit à tout. Il en a rédigé toutes les Loix dans un seul Code. Les Finances & l'Administration Militaire, tout s'y ressentoit, si l'on peut parler ainsi, de la propreté des petits ménages. Les grandes Monarchies, pour s'élever au dessus de l'indolence qu'entraîne leur grandeur, y auroient pu prendre des leçons utiles, & applicables à chacune de leurs Provinces.

ARTICLE

Article XIII.

Danemarck.

Le Danemarck est sujet depuis long-temps à avoir des Rois médiocres, & le rôle qu'il joue en Europe ressemble à ses Rois : il n'a d'autres bonnes terres que de petites Provinces. Les plus vastes sont couvertes de montagnes & bordées de côtes gelées & dépeuplées. La marche de sa politique est timide au dehors, mais assez soigneuse au dedans.

La terre semble plus neuve en ces pays-là qu'ici ; les hommes & les animaux y sont plus forts ; la fécondité, quand elle s'y trouve, est rapide & donne l'abondance ; d'ailleurs la Nation est naturellement militaire.

L'or manque en Danemarck comme en Suede ; il n'est devenu un besoin dans le Nord, que depuis que les pays méridionaux d'Europe en ont regorgé, & ont entraîné les autres dans un luxe d'exemple. Autrefois le Nord nous a inondés par ses habitans, &, par un malheureux retour, nous l'inondons de nos vices.

De là vient la bassesse qu'ont aujourd'hui ces Nations de se vendre pour des subsides (*). Ils trafiquent ainsi de leurs suffrages dans les affaires générales de l'Europe & de leurs troupes, auxquelles ils font soutenir des desseins qui leur sont étrangers, infructueux ou nuisibles. Par-là ils font cette faute nationale d'entrer dans une involution d'intérêts qui ne les regardent point.

On a conservé long-temps en Danemarck l'ancienne forme des Etats : la Noblesse y faisoit corps à part, & concouroit aux délibérations. C'eût été un bonheur pour cette Nation, si l'on y eût respecté l'ordre qui sépare chaque Province ; par-là chacune auroit eu son adminisnistration à part ; les intérêts de chacune auroient été bien mieux soignés que par les Etats Généraux de toute la Nation : mais les anciens Etats de Danemarck avoient tous les défauts de pareilles assemblées ; les Corps y étoient distingués, & celui de la Noblesse y affectoit une supériorité déplacée. Vers le milieu du siecle dernier elle voulut anéantir toute Démocratie dans le Royaume. Le Tiers-Etat, c'est-à-dire, la Bourgeoisie & les Paysans désolés se jeterent entre les bras du

_____

(*) Il y a quarante ans.

Roi; celui-ci les soutint, ou plutôt les laissa agir contre la Noblesse. La Démocratie détruisit l'Aristocratie; mais n'ayant ni le temps ni la force de se former en République populaire, la Royauté a tout gagné. Le Roi devint Monarque absolu en 1663, par le seul droit qui ait fait les Monarques, le consentement de tous ses Peuples. Mais il faut convenir que les Rois de Danemarck ont été jusqu'à présent assez justes pour ne pas abuser de ce droit, & ce n'est que graces à la sagesse de ses Rois, que cet Etat n'est pas Despotique.

Article XIV.

Le Pape.

Le Pape est dans son État temporel un Souverain très-absolu; il gouverne ses Provinces par des Légats; les Villes ont des Gouverneurs nommés par le Souverain, & amovibles; & en tout cela nulle image de Démocratie.

Le Consistoire ne partage le pouvoir du Pape que pour les affaires de l'Eglise universelle, & dans les cas où il s'agiroit d'aliéner le patrimoine de Saint Pierre : mais les Papes sont élus vieux, & ne peuvent influer sur le choix de leurs successeurs; ils ne peuvent donc étendre leur pouvoir à toutes les choses où vont la plénitude de la propriété & le droit héréditaire chez les autres Souverains ; ainsi ils respectent les regles & les usages, ils tirent seulement ce qu'ils peuvent en faveur du Népotisme.

ARTICLE XV.

Les Deux-Siciles.

La double Monarchie de Naples & de Sicile ne dissimule pas le dessein qu'elle a d'exercer le pouvoir le plus absolu, & de se modeler en tout sur celui d'Espagne.

Tant que l'Espagne aura à cœur, comme aujourd'hui, de l'assister de toutes ses forces & d'y prodiguer ses trésors, le Roi de Naples gouvernera absolument ses sujets, à peine aura-t-il quelque ménagement de prudence à y apporter ; il augmentera ses revenus, il se formera un Etat militaire, capable de défense & même d'entreprise ; il fera fleurir le commerce, il abaissera les Grands, il éteindra les dangereux priviléges de la Noblesse ; en un mot, il prendra le systême des Souverains, de renverser les grandeurs qui sont entre le trône & le Peuple, pour qu'il y ait plus loin de lui à ses premiers sujets.

Mais si jamais l'appui de l'Espagne venoit à lui manquer avant que d'avoir consommé ses desseins, on ne sauroit dire ce que deviendroit cette Monarchie, & quelle sorte de pouvoir il s'y établiroit.

Ces Royaumes sortent du gouvernement des Vice-Rois, & ils ont subsisté de cette sorte pendant deux siecles. Qu'on se figure quel pli ils ont pris, appartenant à des Maîtres éloignés, & administrés par des Gouverneurs de différens caracteres, envoyés & dirigés par la nécessiteuse Maison d'Autriche ; toute la puissance publique ne s'y est occupée que de tirer le plus d'argent qu'elle a pu du pays : on a fait souffrir aux sujets, au nom d'un étranger, plus de maux qu'on ne pourroit exprimer ; aussi les Souverains éloignés ont-ils éprouvé de fréquentes révoltes, & se sont trouvés très-heureux de prévenir des révolutions totales.

Un Peuple entier prend ces mauvaises habitudes sous les mauvais gouvernemens, comme un enfant qu'on éleve mal, contracte de l'aversion pour ses parens & ses maîtres ; mais elles tiennent quelquefois au caractere national.

Cependant l'Histoire Ancienne ne nous apprend point que les Napolitains & les Siciliens fussent originairement plus inquiets que les Toscans ; ainsi c'est en conséquence de nouvelles habitudes que sont venus, dans les Deux-Siciles, des Nobles insolens, des Peuples mutins, & des mœurs scélérates : il faut des verges de fer pour réprimer tant de vices politiques & moraux.

Avec cela le pays n'est pas misérable, Naples est une Capitale des plus florissantes de l'Europe. La Sicile est aussi bien cultivée que si Cérès s'en mêloit encore, sauf les éruptions du Gibel & les tremblemens de terre.

Article XVI.

Modene, & les autres États d'Italie (*).

Le Duché de Modene est le seul des Etats particuliers d'Italie qui subsiste. On a éteint dans ce siecle Mantoue, Parme, Plaisance, & même la Toscane ; c'est le tour de Modene de subir le sort de tous les petits Tyrans d'Italie, qui sont devenus la proie des grands Tyrans ; image honteuse pour les hommes de ce qui se passe parmi les animaux féroces.

Toutes ces Souverainetés particulieres

(*) On s'appercevra aisément que l'Auteur écrivoit il y a environ quarante ans.

ont dû prévoir leur perte, dès qu'elles ont cessé d'avoir des corps de troupes suffisans pour se défendre & pour figurer parmi leurs égaux ; non de ces troupes étrangeres soldées, composées d'hommes qui faisoient leur unique métier de la guerre, craignoient peu de mourir, n'ayant rien à perdre, & ne prenoient aucun intérêt à la guerre qu'ils faisoient ; mais des Citoyens armés pour la défense & les intérêts communs. Il y a deux cents ans que ces petits Souverains gouvernoient des pays qui avoient été riches & fertiles, mais qui n'avoient presque jamais joui de la liberté nécessaire pour entretenir l'abondance. Est-on assuré de l'aisance quand on ne l'est pas de sa propre sûreté ? Un Souverain de mérite & de courage étoit une apparition éphémere dans ces Etats foibles ; il rétablissoit quelque chose de son vivant ; après lui ces établissemens périssoient, ou, qui pis est, donnoient lieu à la ruine du petit Etat entier.

Pendant un temps les Princes & les Etats d'Italie se sont dévorés les uns les autres ; depuis, ces beaux pays ont été la proie du soldat effréné des grandes Puissances. Hélas ! les Italiens ne méritent plus le nom de Romains ; ils ne connoissent plus pour toute résistance, que quelques vengeances sourdes, dont ils payent des injures ouvertes.

Le grand Duché de Toscane se ressent encore des bienfaits du Gouvernement Républicain : les Toscans sont passés ensuite sous l'autorité de Princes riches par eux-mêmes & commerçans, moyennant quoi les droits & la dignité du Souverain ont pu se passer du sang des Peuples ; mais la Toscane vient de tomber entre les mains des Allemands (en 1737).

Article XVII.

Souverains d'Allemagne.

Les Souverainetés particulieres d'Allemagne & les Provinces héréditaires de la Maison d'Autriche sont gouvernées à peu près de même.

Les Princes n'y sont point gênés dans l'exercice de leur pouvoir ; les États qu'ils assemblent, fournissent, sur les très-gracieuses demandes de leur Souverain, le don gratuit qui lui convient : heureux si un goût excessif pour les plaisirs, ou une magnificence inquiete, n'inspire pas toujours à ces petits Princes la malheureuse fantaisie d'excéder de beaucoup la dépense qu'il leur convient de faire, & à leurs sujets la triste nécessité de supporter les effets de ces caprices ! Trop souvent la manie d'imiter, dans leurs petites Cours, le luxe des plus grandes, ou celle de figurer comme des Seigneurs plus riches & plus puissans, font que ces Princes ruinent leurs malheureux sujets & se ruinent eux-mêmes.

Les Peuples n'ont alors aucun asile contre la tyrannie, car ils ne peuvent se faire écouter par les Tribunaux de l'Empire : leur seule ressource seroit de déserter le pays où ils sont misérables ; mais les Allemands sont attachés à leurs foyers, & se déterminent difficilement à abandonner leurs familles. On les force à marcher à la guerre quand ils sont jeunes, & ceux qui échappent aux dangers, reviennent bonnement mourir au gîte de leurs peres, cultiver les champs, ou faire le même métier que leurs ancêtres. En général, ces Peuples sont robustes, bons & dociles, quoiqu'un peu grossiers, & leurs Princes ne manquent que trop souvent des lumieres, de sagesse naturelle & de bonne éducation, nécessaires pour tirer parti de leurs sujets.

La Saxe est le pays de l'Allemagne où la forme des Etats est la mieux entendue ;

c'eſt là où l'on pourroit trouver le modele du plus heureux mélange de Monarchie & de Démocratie. Les finances du Souverain y ſont conſidérables, & peuvent aiſément y être miſes en ordre; auſſi ont-elles eu long-temps du crédit. Le Roi de Pologne Auguſte II, mort en 1733, tiroit de ſon Electorat de Saxe des ſommes immenſes, les dépenſoit comme il vouloit à ſes plaiſirs, ou à ſa politique; rien n'épuiſoit ſon épargne, & l'abondance augmentoit toûjours en Saxe; mais c'eſt à la durée de ſon regne qu'on peut appliquer ce Proverbe commun : *Tant vaut l'homme, tant vaut ſa terre.*

N'en pourra-t-on pas dire autant d'un autre Monarque dont les Etats ſont voiſins de la Saxe, & fourniſſoient même moins de reſſources, lorſque le Prince qui les gouverne aujourd'hui en a hérité ?

L'Empereur tire de ſes pays héréditaires plus que les autres Princes & Electeurs de l'Empire ne tirent des leurs; car les beſoins & les deſſeins du Souverain ſont plus importans. Cependant l'affoibliſſement, après de grandes guerres, n'y a pas été ſi ſenſible qu'en France & en Eſpagne. C'eſt que l'adminiſtration intérieure eſt confiée à des Etats; que les intérêts des Peuples ſont ménagés par d'autres ſuffrages que par les horribles lumières des Traitans ; que les Contribuables tirent des conjonctures le moins mauvais parti qu'ils peuvent ; qu'ils choififfent les genres d'impofitions les moins fâcheux pour la campagne, & qu'ils les levent eux-mêmes avec moins de frais & de vexations.

On fe convaincroit encore davantage de tous ces principes en parcourant l'Allemagne ; on y trouveroit différens degrés de Démocratie, & l'on reconnoîtroit que ces pays, felon qu'ils fuivent ou s'écartent des principes que je viens d'établir, font plus ou moins abondans, & les Souverains plus ou moins riches & refpectés, la mefure de la juftice étant celle du fuccès du Gouvernement.

Article XVIII.

La Ruffie (*).

L'Empire de Ruffie ou Mofcovite n'étoit compté, il y a cinquante ans, que parmi les Nations barbares ; on confondoit les Ruffes avec les Tartares & les Cofaques.

Un feul homme l'a tiré de cet état, & l'a

(*) Avant 1750.

rangé parmi les Puissances considérables. Elle est redoutable & déjà digne qu'on réprime son trop de pouvoir ; car cette Puissance étant arrivée soudainement à la civilisation, s'est trouvée d'une grandeur immense ; on en oublioit l'immensité, par le mépris que l'on faisoit de sa barbarie.

Pierre le Grand a été à la fois Législateur & Conquérant, ce qui constitue un des plus grands hommes que le Monde ait vus.

Outre la vaste étendue de leur Empire, les Czars se trouvent en possession d'une autorité sans bornes sur leurs Peuples ; respect & dévouement de superstition, tel qu'on l'a vu souvent chez les Nations sortant de la barbarie. Les Souverains y sont chefs de la Religion & de l'Etat.

Pierre le Grand étant donc réellement le maître de ses Peuples, en a fait tout ce qu'il a voulu, & n'y a pas perdu de temps.

Le progrès de la politique n'y est peutêtre pas fort grand encore, du moins dans l'intérieur du pays ; mais les principes de ce Gouvernement en sont si bien fondés, qu'elle a fait de nouveaux progrès, même pendant des minorités, & sous le regne de femmes dont le mérite & la vertu étoient au moins révoqués en doute.

À un Peuple dans cette situation il faut d'autres Loix qu'à ceux plus anciennement sortis de la barbarie ; il faut exciter aux Arts & même au luxe ; il faut attirer des Etrangers dans le Pays, moins pour y augmenter le nombre des habitans, que pour inspirer aux naturels les vertus sociales & le bon goût.

Au reste, la politique Russe pourroit se tromper en continuant à entreprendre des guerres d'ambition ; cet Empire n'a déjà que trop d'étendue, & il a assez de côtes & de fleuves pour faire un grand commerce ; il ne devroit entrer que dans des guerres où il pût se concilier l'amitié & le concours des Etrangers, faire oublier l'excès de sa puissance, & non pas s'attirer l'envie dès la naissance de sa politique : déjà l'Europe se repent de lui avoir prêté des secours propres à le perfectionner, & de s'être endormie sur ses premiers progrès.

Le Czar, despotique comme il l'est sur ses Peuples, n'élevera certainement pas sa Noblesse à côté de lui ; au contraire, on a déjà vu Pierre le Grand travailler efficacement à abaisser les Boyards ; ses successeurs admettront le mérite aux places, & éleveront les gens de service. Le temps de l'Aristocratie est passé quand le Despotisme s'est établi sans son secours.

Article XIX.

La Turquie.

L'Empire Turc éprouve toutes les horreurs du Despotisme & de la Tyrannie. S'il faut aux objets un grand jour pour les connoître, on peut se convaincre, en considérant l'état de la Turquie, de tous les maux que peut causer le Gouvernement Monarchique sans l'admission d'aucune Démocratie.

Dans tout ce que j'ai dit précédemment des Gouvernemens les plus Monarchiques, on a pu voir qu'il y avoit toujours quelques moyens propres à contenir les intérêts de la chose publique ; quand la Noblesse, qui approche seule du trône, est en grand nombre, elle a ses intérêts, des terres en propriété, & elle se fait écouter ; le Peuple peut quelquefois emprunter son organe auprès du Monarque : si la Noblesse concourt avec le Peuple, le Gouvernement est mêlé de Démocratie.

Mais en Turquie, la volonté seule du Monarque fait les Loix & conduit tout, ou plutôt ne conduit rien. Dans cet

Empire barbare, ce n'est ni la cruauté des supplices, ni la briéveté des condamnations capitales & des jugemens civils, ou les chutes subites des Grands de la Porte, qui constituent la tyrannie de l'Empereur; peut-être trouveroit-on de grands traits dans ces pratiques effrayantes ; ce sont bien d'autres effets de servitude, qui causent, depuis quelque temps, sa décadence & entraîneront bientôt sa ruine.

On n'y voit point des grandeurs innées; mais le mérite n'y gagne rien ; les choix sont guidés par l'avarice, ou dictés par le caprice, & les Officiers sont déposés par la même méthode.

Il n'y a pas plus de propriété dans les biens que dans les charges ; les dispositions des biens viennent de la cupidité de l'envie, rarement de la justice, & en tout cas les vexés ou plaignans n'y gagnent rien.

Tout ce qui a quelque autorité sur le Public, est Officier du Souverain, ou plutôt en est l'esclave.

Ces Officiers ne savent d'où ils viennent ni où ils vont ; ils sont tirés du nombre des enfans de tribut élevés dans le Sérail, & leur race meurt avec eux, quoiqu'ils laissent beaucoup d'enfans ; mais leurs biens retournent à l'épargne du Prince ;

par-là chacun n'est en ce monde que pour foi, & ne peut songer qu'au présent : ce présent étant fort court, & brusque par l'avarice & la débauche, de quel usage feroit le mérite? & de quelle utilité seroient l'économie & le ménagement?

Le moindre Officier représente, dans ce qui lui est confié, toute la rigueur du despotisme du Souverain.

Les défauts du Gouvernement Turc attaquent plus la police que les autres parties du Gouvernement, & c'est le défaut de tous ceux qui ont exclus la Démocratie. On me demandera sans doute ce que c'est que la police dont je parle si souvent.

La police comprend tout; c'est le véritable Droit public qui regle les intérêts des Citoyens respectivement avec la Société; c'est le bon ordre, duquel doit résulter le bonheur des hommes, les mœurs, la tranquillité & la force de l'Etat.

Il faut convenir que les armées Turques ont quelque force par la valeur des Janissaires; qu'il se trouve quelques Cadis qui aiment la justice, qu'on la rend avec une précision qui l'emporte communément sur nos formalités dilatoires & déclinatoires, & que le Souverain y a beaucoup d'argent & de riches épargnes ; mais on ne peut
pas

pas s'en tenir à quelques avantages vagues, il faut entrer dans l'examen du Gouvernement, constater le progrès des abus & prévoir où ils vont.

Je ne parle pas ici des vices de l'Empire même, qui rendent le Grand-Seigneur si sujet à être détrôné par une armée, trouvant sa crainte dans ce qui fait l'appui des autres Monarques ; je traite des défauts qui retombent sur les sujets gouvernés.

L'Empire Turc devient à rien ; il s'énerve plutôt qu'il ne se démembre, & cela est pis ; cependant il subsiste encore ; mais les jalousies réciproques des Princes Chrétiens sont peut-être aujourd'hui son appui le plus solide.

Les Turcs ne travaillent point, ils ne se policent point, ils ne disciplinent point leurs armées, tandis que nous autres Chrétiens nous avançons beaucoup sur tous ces points.

Les Turcs ne peuplent point ; la Polygamie leur nuit plus qu'elle ne leur sert (*). Un jour les Francs, en ranimant les foibles

―――――――――――――

(*) Cette observation qui a l'air d'un paradoxe, est pourtant vraie, du moins quant à la Turquie, & vu l'état de la Nation Turque ; car elle ne le seroit peut-être pas ailleurs, sur-tout si l'on pouvoit régler &, pour ainsi dire, policer la polygamie.

G

restes de la Nation Grecque, feront la loi aux Turcs, & changeront entiérement la face de ce pays, dans lequel, à présent, les Villes sont toutes ruinées, & n'auront bientôt plus pierre sur pierre; l'état en est changé autant que les noms, autrefois si doux, & qui rappellent encore à ceux qui les savent, l'idée de la politesse & du goût de l'ancienne Grece.

Les différentes portions du Peuple Turc ne peuvent se réunir ni s'ameuter pour les intérêts communs, soit du commerce, soit de la police ou des mœurs. Quels Réglemens, quelles Loix, quel concert peut-il résulter de parties aussi incohérentes? Ainsi tout y est arbitraire, & n'a pour unique objet que l'intérêt momentané d'un Maître avide & barbare.

Presque tous les Arts nouveaux y sont proscrits par la Religion & par la Loi : on ne veut recevoir des Chrétiens que le produit de leurs Arts, mais non l'Art même, & c'est justement la maxime contraire qu'admettent les Etats bien gouvernés; la raison même reste dans son enfance, dès qu'elle se refuse la communication avec ceux qui travaillent à la perfection de la Philosophie.

L'ignorance abrutit la Turquie, & la

misere la dépeuple ; la stupidité & l'indolence suspendent les fortunes & éteignent les familles.

La propriété des peres sur leurs enfans engage ailleurs à l'amour du bien, & fait désirer d'avoir des héritiers pour les avancer dans le monde ; mais il faut pour cela que les portes soient ouvertes à l'industrie, à l'émulation, & même à quelque ambition.

Si j'ai proposé plus haut le sujet de grandes études & de leçons à prendre pour perfectionner le Gouvernement Monarchique par quelques arrangemens heureux, j'offrirai le Gouvernement des Turcs au nôtre comme la source de la plus triste application.

Les Lacédémoniens montroient à leurs enfans des esclaves ivres, pour leur imprimer l'horreur du vin.

Au reste, voici le mot de cette énigme. La Nation Turque n'a point encore de Gouvernement formé, & en général les Peuples barbares & conquérans ne s'en font un qu'après qu'ils sont venus à bout de satisfaire leur ambition & leur avarice par des conquêtes & des usurpations sans motifs, sans regle & sans mesure. Ainsi, depuis plus de trois cent ans que les Sultans ont fondé leur Empire, ils ont abſolument négligé les moyens de le gouverner, en établiſſant des Loix propres à tirer parti de leurs ſujets & à les rendre heureux. L'on ignore tout-à-fait en Turquie & dans tous les pays Mahométans ce que nous appellons en Europe *Droit Public*. Qu'on ne s'imagine pas que le Deſpotiſme y ſoit fondé ſur des Loix ; il eſt contre la nature de toutes Loix de favoriſer cette eſpece de Gouvernement, ou plutôt cet abus énorme de l'autorité, qui diſpenſe le Souverain de toutes formes & de toute modération, & qui rompt tous les freins qui pourroient le retenir : mais quand les Loix & les freins dont je viens de parler ne ſont pas ſuffiſamment établis & ne ſont garantis par perſonne, alors les paſſions humaines ſuffiſent pour occaſionner tous les maux qu'une multitude d'hommes peut éprouver lorſqu'elle eſt livrée au caprice d'un ſeul. Alors les Peuples emploient le dernier moyen qu'ils puiſſent oppoſer à la tyrannie, la révolte : on peut dire que c'eſt la derniere reſſource des Peuples, *ultima ratio gentis*, comme on lit écrit ſur nos canons, *ultima ratio Regum* ; mais les effets de la révolte ſont d'autant plus terribles, qu'ils ont été moins préparés, qu'on a moins cherché à l'éviter, qu'on s'est moins précautionné contre les désordres qu'elle entraîne toujours avec elle. C'est ce qui doit nécessairement arriver dans un Etat gouverné sans Loix & sans forme. Quand il y a dans un pays une forme de Gouvernement reçue, on peut, absolument parlant, la changer sans tomber dans l'Anarchie ; mais si ce pays n'a ni regles, ni Loix, ni point d'appui, le Peuple révolté ne sait ni d'où il part, ni où il va, & ce n'est qu'après une longue suite de malheurs qu'il sent enfin la nécessité de s'arranger & de se soumettre à une autorité convenue.

ARTICLE XX.

La Chine.

Si la Turquie nous offre un exemple effrayant de l'abus de l'autorité Monarchique poussée jusqu'à la tyrannie & au despotisme, nous trouvons dans une autre extrémité de l'Asie un modele satisfaisant & consolant de cette même autorité exercée avec modération & à l'avantage réciproque du Monarque & des sujets. On ne peut pas dire que le Gouvernement de la Chine soit mixte, puisque toute l'autorité est entre les mains du Souverain, ou, pour mieux dire, émane de lui ; mais le principe inspiré par le divin Confucius, & adopté par les sages Chinois, est de laisser l'Aristocratie & la Démocratie exercer, à l'abri du trône & sous la protection de l'Empereur, une double autorité secondaire, balancée de maniere que l'Aristocratie, les Grands & les Mandarins contiennent le Peuple, mais soient éclairés par lui, lui soient en quelque façon comptables de leur bonheur ; que de leur côté ils éclairent le Monarque, qu'ils soient surveillés en son nom, & qu'ils lui répondent de la bonne administration & de la justice qui leur est confiée dans les Provinces. Une Monarchie régie sur de pareils principes, ne peut jamais craindre la qualité odieuse de Despotique ; aussi ce Gouvernement, également absolu & juste, a-t-il été le plus durable du monde ; il y a quatre mille ans qu'il subsiste sans altération dans ses principes : dès qu'ils ont été connus, ils ont été admirés & constamment suivis.

La Chine a été plusieurs fois soumise par des Nations barbares. Les Peuples doux, civilisés & raisonnables, ont bien senti qu'ils ne feroient que changer de Maîtres;

mais que bientôt les féroces Tartares les gouverneroient pour leur propre intérêt, comme ils l'avoient toujours été. C'est ce qui leur feroit arrivé, quand même ils auroient eu à faire à des Conquérans qui auroient eu un Droit Public moins parfait que le leur ; à plus forte raifon des Barbares, qui n'avoient point d'idée d'une adminiftration réguliere, devoient-ils adopter celle-là.

Les Chinois comparent l'autorité Monarchique à un fleuve immenfe qui d'abord rompt toutes les digues qu'on veut lui oppofer, franchit les obftacles ; mais lorfqu'une fois il a formé fon lit, il roule fes eaux avec tranquillité, devient bienfaifant pour les campagnes qu'il arrofe, &, fans rien perdre de fa majefté, laiffe tirer de fon fein des canaux d'arrofement qui fertilifent les champs à une affez grande diftance : ils ajoutent, qu'un bon Gouvernement porte fur deux colonnes fans lefquelles il ne peut fubfifter, l'autorité & la modération.

Les Chinois affimilent leur Empire à celui du Ciel, & leur Monarque à l'Être fuprême : s'il n'étoit pas tout-puiffant, il ne feroit pas Dieu ; s'il étoit injufte, il ne le feroit pas non plus. Qu'oppofent-ils à la tentation qu'auroit leur Prince d'être Tyran ? La sensibilité qu'ont ces Princes pour leur réputation, & plus encore pour leur bonheur & leur intérêt personnel. L'éducation des Princes de la Chine est dirigée conséquemment à ces principes; & comme la Couronne y est dative par l'Empereur régnant à celui de ses enfans qu'il en croit le plus digne, il s'établit une émulation entre eux à qui méritera mieux de la porter par ses sentimens & par ses talens. Ils répetent sans cesse que tout l'Empire Chinois n'est qu'une seule famille, que leur Empereur n'a ni esclaves ni serviteurs, mais que tous sont esclaves de la Loi dictée de toute ancienneté par l'Être suprême, auteur du Droit Naturel, & appliquée graduellement par l'Empereur, qu'on appelle le Grand-Pere ; les Mandarins se nomment ses enfans, & sont, disent-ils, les peres & les tuteurs immédiats du Peuple. La conduite des Mandarins est éclairée par des Visiteurs, & ceux-ci, qui deviennent Mandarins à leur tour, le sont par d'autres ; ainsi la lumiere s'étend jusqu'à l'extrémité de l'Empire par autant de rayons qui partent du même centre, comme le Soleil éclaire le Monde.

Aucune Magistrature Provinciale n'est confiée à un homme de la Province. L'administration & le soin de la Justice ordinaire sont cependant exercés par les gens du pays qui en connoissent plus particuliérement les ressources; mais la surveillance de ceux-ci, & les commissions extraordinaires sont toujours entre les mains des étrangers, de l'impartialité desquels on est bien plus sûr. Les grandes vertus & les grandes actions ne sont jamais sans récompenses éclatantes; mais on prend bien garde de ne les pas prodiguer; car ce seroit les avilir que de les accorder à des actes de probité, d'humanité, de reconnoissance & de respect filial, auxquels tout le monde est obligé. Cette profusion, au lieu d'être utile à la vertu, la rendroit plus rare. Il faut savoir économiser les graces les plus justes, comme les supplices les plus séveres.

Il n'y a point à la Chine de noblesse héréditaire, du moins aucune autorité publique ni fonction ne se transmettent des peres aux enfans; cependant les familles conservent, dans ce qu'on appelle la Salle des Ancêtres, des tableaux qui contiennent les noms & les services de leurs parens. Les Chinois croient qu'il leur suffit de citer des exemples, pour encourager les jeunes gens à mériter des graces par eux-mêmes. Il n'y a point de persécution à la Chine, en matiere de Religion, qu'autant que les Prédicateurs des nouvelles opinions en voudroient introduire qui dérangeassent l'ordre public. Hors cela, chacun peut penser ce qu'il veut ; mais il y a des cérémonies qui tiennent à la police & aux mœurs. Il faut que tout le monde s'y conforme, sans quoi l'on mérite punition. D'ailleurs les Mandarins doivent parler la Langue de l'Empereur, écrire avec les mêmes caracteres, adorer l'Être suprême de la même maniere, & pratiquer à l'extérieur les mêmes cérémonies, parce qu'il est, disent-ils, nécessaire que la Religion, la Morale & la Politique n'aient qu'une seule & unique base.

Les femmes sont exclues, à la Chine, de toute espece d'administration publique ; elles se mêlent tout au plus de l'intérieur de la famille, encore est-ce pour ce qui regarde le physique plutôt que le moral, & les filles plutôt que les garçons.

On ignore dans cet Empire ce que c'est que le gros jeu & les pertes considérables. L'état de Financier, celui de Banquier, les emprunts à rentes avec hypotheques sur des fonds, sont des choses &

des mots dont on n'a pas d'idée. Les Mandarins n'ont point de honte d'être comptables, & de retirer des sujets ce que ceux-ci doivent légitimement au Souverain, ou, pour mieux dire, au *Fisc public*, & ces mots de *Fisc* & de *Fiscal*, si odieux dans notre Europe, & qui l'étoient du temps des Romains, ne le sont point à la Chine. L'imposition étant reconnue nécessaire, la distribution égale, l'emploi toujours juste & convenable, chacun est obligé de se reconnoître pour coupable, quand il s'y refuse ; aussi est-on alors puni comme si l'on avoit commis une faute contre l'ordre public : dans ce cas, la punition est toujours personnelle & corporelle ; c'est une bastonnade, ou autre supplice proportionné à la faute ; mais jamais on ne s'en prend aux biens du coupable, ils ne sont jamais confisqués ni saisis ; ce seroit, disent les Chinois, une grande injustice que de faire payer à une famille innocente la faute de celui qu'elle ne pouvoit pas empêcher de la commettre, & de priver ses enfans, sous ce prétexte, des biens qui doivent leur revenir.

Tout est distributif à la Chine, & dans le plus bel ordre. L'administration, les impositions, la justice, l'éducation, même la politesse, tout y est dans les proportions les plus exactes. On ne souffre pas que les sciences & les connoissances soient acquises autrement que dans la juste mesure où elles peuvent être utiles, & par ceux à qui elles le sont. Solon, en laissant aux Athéniens la liberté de se livrer au goût des Arts & de la Philosophie, en fit un Peuple aimable, poli, voluptueux, mais qui s'éloigna bientôt de tous les bons principes, en s'abandonnant aux écarts d'une imagination déréglée. Lycurgue rendit les Spartiates terribles à la guerre, séveres dans leur administration intérieure, grossiérement justes, mais rebutans par l'austérité de leur morale & de leurs mœurs. Le Gouvernement Chinois se tient dans un juste milieu, & les Loix de Confucius, aussi anciennes que celles de Solon & de Lycurgue, subsistent encore, tandis que les autres sont anéanties & ont même causé la destruction des Empires qui les avoient reçues. Je crois exact le tableau que je viens de faire du Gouvernement de la Chine, parce qu'il est conforme aux Relations de nos Missionnaires. Si, par malheur, j'en avois altéré quelques nuances, ce seroit tant pis pour les Chinois ; mais c'est un modele que je propose aux Nations de l'Europe ; tant mieux si elles en profitent.

ARTICLE XXI.

Le Paraguay.

Il existe dans le Nouveau Monde un pays dont le Gouvernement pourroit servir de modele à ceux de l'Europe, si le monde étoit encore dans l'état d'innocence, & tel qu'il est sorti des mains du Créateur ; peuplé d'hommes à la vérité, mais d'hommes simples & purs, sans passions vives, sans préjugés, sans mauvais exemples, & sans connoissance de tout ce qui pourroit altérer leur bon naturel ; mais il a fallu un rapport de circonstances bien extraordinaires pour rendre vraisemblable, s'il n'est pas tout-à-fait vrai, le Gouvernement du Paraguay.

Les Espagnols ayant soumis l'Amérique méridionale de la maniere que tout le monde sait, n'ayant pas assez d'Européens pour la peupler, ne se sont attachés qu'aux pays abondans en mines d'or & d'argent, & à ceux qui leur assuroient l'entrée de ces mines & les débouchés nécessaires pour faire sortir les richesses qu'ils en tiroient.

Le Paraguay, Province vaste & fertile, est tout entier dans l'intérieur des terres, & n'a de communication avec les côtes de la mer que par la riviere de la Plata & le Port de Buenos-Ayres, dépendant de la Monarchie Espagnole. Celle-ci s'est convaincue qu'on ne trouvoit dans le Paraguay aucune espece de mines d'or, d'argent, ni de pierres précieuses. Il est cependant très-fertile, ou du moins très-susceptible de fertilité ; ce qu'on a défriché de terrein, au milieu des vastes forêts qui le remplissent, produit tout ce qui est nécessaire à la vie. Le maïs ou blé d'Inde y croît aisément, pour peu qu'on le seme dans une terre neuve & productive. Le manioc & l'yuca sont des racines dont on fait du pain aussi salubre & aussi nourrissant que le nôtre, moyennant quelques préparations aisées. Avec la farine de maïs fermentée on compose une liqueur forte & enivrante, qu'on appelle *chica :* les Indiens la préferent au vin, & il est vrai qu'elle vaut mieux que le cidre ; on y cultive une infinité de légumes, des cannes de sucre, des fruits de toute espece, enfin l'herbe du Paraguay, dont l'infusion est aussi agréable & même plus utile que celle du thé ; on y trouve des bois de tous genres, propres à la bâtisse, à la menuiserie, & même à l'ébénisterie ; les animaux propres à nourrir les hommes, à les vêtir & à leur servir pour les travaux de la campagne, y sont très-communs ; les bœufs & les chevaux y ont été amenés de l'Europe, & s'y sont multipliés à l'infini ; ils y sont sauvages ; mais les Indiens ont appris l'art de les dompter : il y a un assez grand nombre d'animaux nuisibles ; mais la Nature bienfaisante y fournit des préservatifs contre le danger de leurs morsures, & l'industrie naturelle des habitans suffit pour s'en garantir & les écarter. Enfin, tout ce qui peut satisfaire des besoins réels & être l'objet de désirs sages & modérés, se trouve dans le Paraguay ; il n'y manque que ce que convoitent mal à propos l'ambition & l'avidité des Européens.

Ce sont les habitans d'un pays si heureusement disposé, que les Jésuites se sont chargés de civiliser & de gouverner ; & si jamais il y a eu une ambition raisonnable, il faut convenir que c'est celle-là. Ces honnêtes Conquérans n'ont point versé le sang des innocens pour les dompter, mais ils les ont touchés, persuadés, & leur ont fait entendre que leur intérêt étoit de se soumettre : aussi ces bons Peres n'ont-ils pas besoin d'armée étrangere pour se faire obéir. Environ soixante Jésuites suffisent pour gouverner six cents peuplades dispersées dans trois cents lieues de pays. Ils y sont révérés comme des Dieux bienfaisans, auxquels on n'a jamais offert de sacrifices sanglans, & qui n'exigent d'autres tributs que la reconnoissance, pour tous les avantages qu'ils procurent. Ils ont appris à ces Sauvages à cultiver la terre, & à rendre leur subsistance plus aisée & plus agréable. Ils leur ont enseigné l'art de se loger, de se meubler & de se vêtir commodément, mais sans faste ; de se communiquer leurs idées par la parole & par l'écriture, en adoptant une Langue unique & des caracteres qui sont à présent connus dans tout leur pays ; mais ils n'ont point surchargé la tête de ces bonnes gens de connoissances inutiles à leur bonheur. Ils leur ont enseigné une Religion dont les mysteres sont sublimes, mais n'étonnent point des Peuples qui conviennent que tant d'autres choses sont au dessus de leur portée ; les cérémonies de cette Religion sont pompeuses & imposantes, & méritent véritablement le nom de fêtes ; enfin sa morale est pure & soutenue par des espérances brillantes

brillantes, & des terreurs qui paroiffent bien fondées. Ils leur ont fait entendre qu'en s'aimant & fe fecourant mutuellement, on fe rendoit bien plus agréable à l'Être fuprême qu'ils leur ont fait connoître, qu'en fe battant & fe déchirant : que nous naiffons tous freres & non ennemis les uns des autres. Une pareille doctrine prêchée par des gens qui effectivement n'exigeoient de leurs néophytes que ce qui contribuoit à leur bonheur, ne pouvoit manquer d'être goûtée.

Les Jéfuites ont fait mettre aux Paraguayens tous leurs biens & toutes leurs denrées en commun : le réfultat de cet arrangement eft que perfonne ne manque de rien, & que chacun fent qu'il eft obligé de contribuer au bien général fuivant fes forces. On nourrit les enfans qui ne font point en état de travailler, dans l'efpérance qu'ils travailleront un jour, & les vieillards par reconnoiffance de ce qu'ils ont travaillé. On ménage les femmes & on ne les accable pas de trop de travail, parce qu'elles font deftinées à augmenter la population, ou fe font déjà acquittées de ce devoir. Les mariages ne fe faifant jamais par ambition ni par intérêt, mais toujours par inclination, les ménages y font

H

communément heureux & tranquilles. Il y a lieu de croire que les Missionnaires, contens d'observer eux-mêmes le célibat religieux, ne le prêchent ni ne le conseillent aux Indiens ; cela seul suffiroit pour rendre les Prédicateurs suspects. Ils leur inspirent, dit-on, un grand respect pour les Espagnols, mais leur en laissent fort peu voir, & se gardent bien d'attirer les Indiens dans les Villes commerçantes & remplies d'Européens. Hélas! ils n'y verroient que d'affreux exemples, capables d'altérer ou de détruire leurs bons principes. De temps en temps l'Evêque du Paraguay vient y faire sa visite : les Jésuites le reçoivent, & le font recevoir par les Indiens avec honneur & respect ; mais ils ne le quittent pas d'un pas, sont partout ses interpretes ; & comme le Prélat ignore toujours la langue Guarani, qui est celle du pays, il voit, il admire, mais il ne s'instruit que jusqu'au point où l'on veut qu'il le soit, & ne donne d'autres ordres que ceux qui conviennent aux bons Peres ; s'il en donnoit de différens, ils ne seroient point exécutés. La police & l'administration de chaque peuplade sont confiées à des Magistrats populaires ; mais le Missionnaire est toujours regardé comme le Juge suprême & l'interprete des Loix religieuses, civiles & militaires ; car ils en ont de cette derniere espece, & elles leur sont nécessaires pour se mettre en état de défense contre des Peuples bien plus sauvages qu'eux, & qui viennent quelquefois troubler leur tranquillité. Alors les Chrétiens du Paraguay forment des troupes braves & bien disciplinées. L'intérêt de leur défense commune les anime, & leur fait faire de plus grandes choses, que la vanité, l'ambition & l'avidité n'ont pu en inspirer aux Conquérans des deux Indes. Les Jésuites ont appris aux Paraguayens à se servir des armes à feu, & même à en fabriquer, à faire des manœuvres de cavalerie & d'infanterie : ces Peuples seront toujours heureux, si les Espagnols ne veulent pas tourner ces redoutables connoissances au profit de leur ambition. Jusqu'à présent le Gouvernement Espagnol se contente, dit-on, de percevoir une piastre ou l'équivalent en denrées & en marchandises par chaque tête d'Indien du Paraguay. On envoie de temps en temps des Officiers Espagnols chargés de constater l'état de ces Peuplades ; les Jésuites les reçoivent de la même maniere que l'Evêque, & avec les mêmes précautions. On a tenté plusieurs fois de persuader à la Cour d'Espagne que les Jésuites tiroient, pour leur compte, de gros profits de ces habitations : rien n'a prouvé la vérité de cette accusation ; mais quand elle seroit fondée, il est certain que le Roi d'Espagne, en faisant gouverner ces Peuples tout autrement, n'en tireroit pas un meilleur parti, & rendroit ces pauvres gens malheureux. Souhaitons, pour le bien de l'humanité, qu'il existe un pays ainsi gouverné par les Loix les plus justes & les plus simples de la raison & de l'équité. Quoi qu'on en dise des Quakers & des Herutters, un pareil Gouvernement ne pourroit point long-temps subsister en Europe. Ce n'est donc pas un modele que je viens de proposer, c'est un vœu que j'ai formé, mais sans doute très-inutilement, pour un bonheur dont nous ne sommes pas susceptibles : attachons-nous à former des plans plus praticables, quoique moins séduisans.

CHAPITRE IV.

Ancien Gouvernement féodal de France.

LA République Romaine en tout temps, & ses Empereurs tant qu'ils ont régi leur Empire avec ordre, ont donné l'exemple du Gouvernement qui me paroît le meilleur. Dans les Gaules sur-tout, il y avoit sous les Empereurs quantité de Cités, ce qui doit s'entendre des Villes avec leurs districts bien plus étendus que ne sont aujourd'hui les banlieues de nos Villes. Ces Cités avoient des Conseils ou Sénats subordonnés, qui étoient la même chose que nos Magistratures municipales; ils administroient la justice, la police & les finances avec autorité & liberté. Sous les Empereurs qui gouvernerent le mieux, les Cités se multiplierent, sur-tout dans les Provinces éloignées de Rome. Les Officiers de l'Empereur, les Préfets du Prétoire ou leurs Vicaires n'avoient qu'une inspection générale sur les Cités ; les Receveurs généraux des Empereurs rassembloient le produit des impositions ; mais c'étoient les Sénats ou Curies qui en faisoient la levée sur les particuliers, suivant la méthode & le tarif qui leur paroissoient les meilleurs; ce qui ressemble beaucoup aux usages de nos Pays d'Etat.

Voilà ce qui a précédé notre Gouvernement féodal, qui n'a commencé même qu'assez long-temps après que la Gaule a été domptée par les armes des Francs, & qui a produit la tyrannie de détail, plus fâcheuse que celle qui soumet tout un grand Empire à un seul homme. Les Chefs s'arrogeant toute autorité, ont oublié l'objet du bonheur public, qui réside plus dans la Commune que dans la Noblesse. Par la suite, le Gouvernement militaire a dégénéré en France en Gouvernement financier, par la raison que l'argent est devenu le nerf de la guerre. Qui eût dit que la politesse ameneroit ce désordre, & que le moyen assujettiroit son objet? On abandonna d'abord dans les Gaules tout ce qui dépendoit de la finance aux Juifs, gens méprisés & abhorrés, tandis que les Financiers sont aujourd'hui nos véritables Magistrats.

Le Gouvernement féodal consistoit dans l'autorité que les Rois de France avoient sur leurs Feudataires immédiats; ceux-ci sur les arrieres-Feudataires de la Couronne, & ces derniers sur d'autres Nobles subordonnés ; enfin tous les Seigneurs dominés & dominans sur les roturiers, manans & habitans de leurs terres, qui étoient pour la plupart serfs ou esclaves.

Le Roi n'avoit pas seulement un droit universel sur tous les Fiefs qui originairement relevoient de sa Couronne, il avoit encore des droits de propriété dans ses Domaines, & des droits régaliens dont ne devoient pas jouir d'autres Seigneurs ; mais ces Seigneurs avoient usurpé les plus importans, & pouvoient les exercer d'une façon plus intéressante que le Roi même, parce qu'ils étoient plus à la portée de se faire craindre de leurs vassaux, que n'étoient de foibles Censitaires non armés ni défendus. Il faut croire que si les temps avoient continué à être favorables aux grands Feudataires, & si la France, depuis Hugues Capet, n'avoit pas eu des Rois fermes, ou ceux-ci des Conseils habiles ; bientôt la suzeraineté se seroit absolument confondue avec la souveraineté.

Les Fiefs s'appeloient originairement Bénéfices, & étoient à vie ; mais par habitude ils devinrent héréditaires : les Comtés & les Marquifats, qui n'étoient que des Charges amovibles, furent bientôt à vie, puis héréditaires ; les Offices dégénérerent en biens patrimoniaux dans les familles. Les Officiers chargés de rendre la juftice, & du commandement des armées, fubdéléguoient d'autres Officiers fubalternes chargés des mêmes foins ; & ces foins ayant des charmes pour ceux à qui ils furent confiés, d'autant plus qu'ils les honoroient & les enrichiffoient, ceux qui les avoient obtenus les conferverent pour leurs enfans.

Telle eft la véritable origine des Fiefs & de tous les droits qui en dépendent ; ufurpation par-tout, tolérance forcée de la part de nos Rois, qui n'ont trouvé le moyen d'en éviter le danger pour eux, qu'en rendant les droits qui en font reftés, ou vains ou odieux ; ainfi ils ne nuifent plus qu'au Public, fans offufquer la Monarchie ; elle a écarté ce qui lui étoit le plus incommode ; ce qui fubfifte n'eft qu'une ombre de feigneurie, & encore cette ombre eft-elle fouvent gênante & dommageable : tel eft le droit de chaffe fur fes voifins, fource de querelles & d'infultes ; les droits confidérables de mutation & de relief en fucceffion collatérale ;

par où les terres mal administrées passent plus difficilement dans des mains qui les cultiveroient mieux ; l'exercice de la justice seigneuriale négligé par-tout, & pratiqué par une race de gens avides, toujours occupés à exciter l'habitant simple à plaider ; enfin tous ces différens droits, procès, chicanes, vieilles recherches, empêchement à la bonne culture des terres, rétrécissement de l'abondance, obstacle au bonheur de la campagne.

On prétend que ce droit féodal nous vient des Lombards, & que ceux-ci l'avoient apporté du Nord.

Il est certain que les Romains n'ont jamais connu ce genre de servitude qui soumet une petite terre à une autre terre un peu plus grande, quoique le possesseur de celle-ci ne soit pas le Souverain du pays; un tel arrangement ne peut venir que d'un esprit d'orgueil & d'intérêt, qui a porté les sujets à copier les Monarques dans les terres de leur Domaine ; la foiblesse des Rois fainéans a rendu toute usurpation héréditaire, & les enfans ont enchéri sur les usurpations de leurs peres, en établissant la tyrannie graduelle & héréditaire qui les rendoit, avant que de naître, plus puissans que tant d'autres qui avoient plus de service & de mérite qu'eux.

Qu'on ne cherche point l'origine des Fiefs dans les premieres conquêtes de nos Francs sur les Gaulois ; on ne voit pas que ces Conquérans se soient avisés du droit féodal : les vainqueurs se sont bien arrogé quelques terres dans les meilleures situations, ils les ont cultivées, ils y ont bâti aux dépens des vaincus ; mais dans ces temps, on ne pensoit point encore à prendre des concessions étendues en terres qu'on ne pouvoit cultiver. Qui eût imaginé alors les baux, les sous-baux, les rétrocessions, les licitations ?

Les Capitaines Francs ne céderent point à leurs soldats compatriotes les terres dont ils ne savoient que faire, à charge d'hommage & de servitude : ces guerriers se regardoient comme compagnons ; un champ de quelques arpens suffisoit pour nourrir la famille d'un Franc, & ils laisserent le reste aux anciens cultivateurs. Les Gaules étoient fort peuplées, & il ne faut pas croire que les Gaulois fussent assez vaincus pour être esclaves comme nos Negres, ou seulement comme les esclaves des Romains & ceux des Mahométans. Les Gaulois restoient dans leur patrie, & c'est la déportation qui constitue principalement l'esclavage ; nul n'est facilement esclave dans son pays ; si on l'y traitoit comme tel, il trouveroit des ressources pour s'en relever. Ce n'est qu'au prix de la plus grande partie de leur sang, que les Indiens ont subi, seulement dans quelque partie de l'Amérique, cette espèce d'esclavage qui réduit l'homme à servir un maître, ainsi que le font un bœuf & un mulet. Il faut donc regarder les conquêtes des Francs plutôt comme une occupation des principaux postes du pays, que comme une subjugation des habitans. On sait d'ailleurs que les Romains se confondirent en peu de temps si bien avec les Gaulois, que lorsque les Francs se rendirent les maîtres des Gaules, ces mots étoient devenus, pour ainsi dire, synonymes.

L'usurpation est ingénieuse quand le temps en a caché l'origine ; c'est elle qui a fabriqué tout ce beau roman en vertu duquel on prétend la rendre légitime, & dont je viens d'essayer de montrer l'absurdité.

Le droit féodal n'est, à tous égards, qu'une usurpation sur la royauté ; il est vrai que, dans l'origine des choses, presque tout pouvoir est usurpation, si l'on veut l'examiner avec rigueur, & que la royauté vient toujours d'un contrat ou précis ou sous-entendu entre le Roi & le peuple ; que ce contrat est plus ou moins conditionnel, & exige toujours l'observation des Loix naturelles ; mais en même temps il donne lieu à y contrevenir, car il confere le pouvoir législatif, & sans la législation, le Roi ne seroit rien : ce pouvoir doit être réglé par le droit de l'équité & de la raison, qui est le premier des droits ; mais les Rois s'établissent les juges de la raison, & de la convenance, & en conséquence changent les Loix, toujours sous prétexte de l'intérêt public, mais plus souvent pour celui des Souverains ou de ceux qu'ils écoutent.

Le laps de temps a canonisé l'autorité Monarchique, telle que nous la voyons exercée dans la plupart des Souverainetés du Monde ; la prescription, sans laquelle tout ne seroit que disputes & confusion, y a mis le dernier sceau : ainsi n'examinons plus l'autorité souveraine d'après ses premiers principes, respectons ce que nos peres ont respecté.

L'autorité Monarchique, pour être utile

aux hommes, doit être éclairée, mais non partagée : les Monarques le savent si bien, que jusqu'à ce que leur autorité ait renversé tous les obstacles & toutes ces contradictions, ils ne s'occupent que de l'établir, & ne font pas encore consister leur gloire à faire le bonheur de leurs sujets, mais seulement à les assujettir pleinement : enfin arrive l'instant heureux où l'autorité peut se laisser balancer par le conseil & par la raison, se faire aider par des arrangemens conformes à l'intérêt des Peuples, reconnu & suivi par les Peuples mêmes, réglé & autorisé par la puissance publique.

Le Gouvernement féodal, si fort réclamé par M. de Boulainvilliers, & auquel il attribue toute la grandeur de Charlemagne, étoit-il conforme à ce dernier état de l'autorité Monarchique ? Non : dans ce système bizarre de Gouvernement, la plus grande autorité sur la Nation étoit entre les mains d'un certain nombre de principaux usurpateurs qui avoient sous eux d'autres usurpateurs subalternes. Le degré & la qualité de ces usurpations varioient à tout moment ; & comme chacun travaille mieux sur un petit objet que sur un grand, nos Rois avoient bien moins de pouvoir sur leurs grands vassaux, qui se moquoient souvent de la majesté du Trône, que les petits Seigneurs n'en avoient sur leur paysans & même sur leur petits feudataires; ils en violoient les femmes, & prenoient leurs héritages impunément; & c'est d'une source si impure que résulte ces droits de fiefs si bizarres, qu'admirent encore nos studieux Féodistes. Le droit féodal, dans son origine, étoit précisément la loi du plus fort; rien de limité, rien d'uniforme; il n'avoit aucun des avantages qui pourroient le faire regretter, si ce n'est à des gens enthousiasmés de leur dignité de Noble jusqu'à la folie.

Pourquoi, parmi tant de Philosophes Grecs qui ont écrit sur la Politique pour l'approfondir, aucun ne s'est-il avisé de proposer un système de Gouvernement, consistant dans l'autorité d'un certain nombre de Seigneurs subordonnés les uns aux autres par le droit de leur naissance & par la possession de certaines terres?

Ces Philosophes, ces premiers inventeurs des Loix, dans des temps où la vertu étoit en honneur, & chez des Nations si célèbres par leur politique & par leurs exploits, ont toujours dit au contraire, que, pour le bonheur d'un État, il falloit maintenir l'égalité entre Citoyens autant qu'il se pouvoit.

Lycurgue commença sa législation en partageant également les terres entre chaque habitant, afin qu'elles fussent mieux cultivées, & que l'émulation se tournât plutôt à la vertu qu'à l'opulence.

La différence des talens en mettra toujours assez dans les fortunes ; il y aura même de ces inégalités qui seront vicieuses; mais il est faux de dire qu'il soit à propos qu'il y en ait, & ce n'est pas la seule occasion où les raisonnemens confondent le droit avec le fait, & prennent l'effet pour la cause. Il y a des abus qu'on ne peut prévenir ni arrêter ; mais en général, quoiqu'on ne puisse jamais parvenir à la perfection, par une suite de la foiblesse de l'humanité, on y tend du moins & l'on en approche autant qu'il se peut : il seroit à souhaiter pour l'Etat qu'il ne passât aux enfans des hommes distingués, que ce qu'il leur faut justement pour les mettre en état de se distinguer à leur tour, non par les œuvres d'autrui, mais par les leurs. Toute grandeur, toute fortune innée, est vicieuse pour l'homme qui s'en contente & s'y livre mal à propos : il doit y trouver la perte de ses talens & de ses vertus personnelles, & une source éternelle d'ennuis.

Les récompenses sont dues aux actions, & les places à la capacité ; voilà sans difficulté ce que disent la raison & la justice. Le pouvoir qu'on reçoit avec la naissance, ne se peut supporter que dans la personne du Souverain ; c'est dans ce cas privilégié seul, que le droit successif héréditaire est avantageux à une Nation. Il y auroit trop d'inconvéniens à laisser le droit de commander souverainement aux hommes, à le laisser tomber dans le commerce ou l'abandonner à l'arbitrage intéressé de gens qui en jugeroient plutôt d'après leur intérêt personnel que conformément à celui de l'Etat, & qui souvent même jugent mal du leur. Le droit successif des Couronnes est une méthode adoptée universellement, pour éviter les horribles inconvéniens du droit d'élection. Comme alors il faut qu'une Nation entiere se choisisse un maître, qu'elle n'en a point encore, que chaque Electeur peut user librement de son droit, & que s'ils sont partagés, personne ne seroit en droit de les accorder, cette Nation ne pourroit guere éviter de tomber dans la crise la plus fâcheuse. Il faut donc bien qu'elle convienne de quelque

que moyen de se concilier, qu'elle se donne, pour ainsi dire, un mot de ralliement. C'est ainsi que, pour l'élection d'un Roi de Perse, on convint d'obéir à celui dont le cheval feroit le premier hennissement : de même, & pas autrement, s'est-on donné pour maître celui qui naîtroit le premier d'un tel homme ou d'une telle femme, ou qui seroit son plus proche parent.

Mais il est à désirer que le droit héréditaire se borne aux Couronnes, en fait de commandement sur les hommes ; que toute place inférieure soit assujettie au choix du Souverain, ou à une élection faite sous sa protection, en vertu des regles prescrites par l'autorité publique, & qu'elle puisse faire observer que le pouvoir ne dépende point de la naissance; car les hommes subordonnés aux autres n'ont pas besoin d'éprouver, pour chaque place qui entraîne quelque autorité, les inconvéniens attachés à l'imbécillité de l'enfance, à la fougue de l'adolescence, à la décrépitude de la vieillesse, & à l'ignorance habituelle, résultante d'une supériorité ordonnée sans choix, & conférée sans examen.

Dès que l'Etat est pourvu d'un Roi, c'est à lui à pourvoir son Royaume d'hommes capables de le seconder ; par conséquent tout pouvoir inné sous un Roi vicieux, est réprobable.

Dans les Républiques, comme dans les Monarchies, la puissance publique est une : tous les suffrages doivent se réunir à un centre d'où partent les autres pouvoirs subordonnés.

Cependant les partisans du Gouvernement féodal ont vanté avec emphase la belle chose que c'étoit de voir un Roi commander une armée de Rois. Effectivement les grands Vassaux s'étoient faits Souverains, & ceux-ci en avoient d'autres sous eux jusqu'à l'infini.

Ce n'étoit que confusion & barbarie de toute part ; la violence est une suite de l'Anarchie : on en vint bientôt à se faire la guerre ouvertement de fiefs à fiefs, & on forma un droit légitime des guerres privées.

Les duels d'homme à homme furent aussi mis en régle ; on les rangea au nombre des droits de la Noblesse. M. de Boulainvilliers a cru devoir, en brave Gentilhomme, regretter les guerres privées ; peu s'en faut qu'il ne se récrie contre la Loi qui a aboli les duels.

Le grand avantage, dit-on, du Gouvernement féodal, étoit la facilité qu'avoient nos Rois de lever de grandes armées, & de les faire subsister sans charger les Peuples d'impôts: les premiers vassaux amenoient leurs sujets, & obligeoient les arrieres-vassaux à conduire les leurs.

Tous les Auteurs ont assez parlé de cette milice brave à la vérité, selon le naturel de notre Nation, peut-être même plus vigoureuse qu'aujourd'hui, dans ce temps où la Nature étoit plus neuve, & moins corrompue par la mollesse.

Mais les Peuples n'en étoient que plus chargés, par le tort qu'une violence autorisée faisoit aux terres & aux habitans qui n'avoient aucun appui où ils pussent recourir.

Ces armées étoient sans discipline, & il n'étoit pas possible de l'y introduire; nos voisins n'étoient pas plus policés que nous. Ces troupes arrivoient tard, & se séparoient de bonne heure: on sait que, suivant l'usage des fiefs, les vassaux n'étoient obligés qu'à quarante jours de service.

Les malheureux feudataires ne savoient comment se conduire, en vertu de cette prétendue subordination des fiefs les uns aux autres. L'arriere-vassal répondoit, pour ainsi dire, de la félonie de son Seigneur immédiat : de quelque côté qu'il se tournât alors, il tomboit toujours en commise, soit à l'égard du Suzerain premier, & dont il ne dépendoit que médiatement, soit à l'égard du second Seigneur, de qui il relevoit directement. On ne finiroit point sur les inconvéniens d'un tel Gouvernement. La meilleure preuve qu'il n'étoit pas soutenable, c'est que l'on y a renoncé, qu'aucune Nation ne s'y conforme plus, que si on en a conservé quelques traces, on a lieu de s'en repentir, & que nous ne verrons certainement jamais renaître une forme d'administration aussi vicieuse.

CHAPITRE V.

Progrès de la Démocratie en France, selon notre Histoire.

ARTICLE PREMIER.

Commencement de la Monarchie.

ON ne sauroit attribuer ni avancement ni décadence aux travaux intérieurs d'une Nation barbare ; la guerre, la chasse, le simple nécessaire de la vie firent toute l'occupation des premiers Gaulois & de nos premiers Francs ; la guerre sur-tout a occupé tous les temps de la premiere Race : guerres étrangeres contre nos voisins ; les frontieres avancées plus ou moins, suivant l'habileté ou le bonheur de nos Rois ; guerres civiles causées par les partages continuels de la Monarchie entre plusieurs freres ; des actions féroces, peu de Rois législateurs, voilà tout ce que nous présente notre Histoire jusques à l'extinction de la Race des Mérovingiens.

Article II.

Seconde Race.

La seconde Race, plus courte en durée, eut à peu près les mêmes mœurs : il falloit une consistance de paix, & même une étendue solide à la Monarchie, pour former l'esprit de notre Gouvernement.

Les Nobles s'éleverent sous des Rois foibles & fainéans, & formerent le Gouvernement féodal dont j'ai parlé ; bientôt tout ce qui n'étoit pas du Corps de la Noblesse, devint son esclave.

Cependant, si l'on compare ces temps si malheureux d'esclavage avec notre âge si poli & si orné par la raison & les Arts, peut-être y trouvera-t-on encore plus de liberté qu'aujourd'hui parmi le Peuple : on n'avoit pas raffiné sur tous les moyens de lever des tributs ; on n'opposoit pas l'habitant à l'habitant, pour envahir le fruit de son labeur, non à proportion de son profit, mais par une espece d'envie, & par un prompt surcroît de taxes qui engage le malheureux qu'on veut surcharger, à afficher l'indigence & la malpropreté.

On n'avoit pas multiplié les Loix qui

gênent les possesseurs dans la disposition de leurs biens. On n'étoit pas accablé par la chicane ; les Villes n'étoient pas inondées de privilégiés & de tyrans redoutables par leur crédit. La violence faisoit quelques maux passagers ; mais une subtile dureté de cœur n'engendroit pas encore les vices ; le luxe étoit mal entendu, mais moins étendu ; les Particuliers le connoissoient peu, & se passoient de peu.

ARTICLE III.

Troisieme Race ; LOUIS LE GROS & LOUIS LE JEUNE.

L'amour des Sciences & des Arts augmenta insensiblement parmi les François, sous la troisieme Race. Louis le Gros, & Louis le Jeune son fils, dans des circonstances favorables à cette entreprise, rendirent la liberté au Peuple par des Loix d'affranchissement, de paix & de liberté, qui eurent de grands succès : on devint enfin le maître de choisir la profession que l'on voulut.

Avant cela, il n'y avoit de libres que les gens d'épée & d'église : les habitans des Villes, Bourgades & Villages étoient plus ou moins esclaves.

Alors les Villes n'étoient pas pavées; il n'y habitoit que des Prêtres & des ouvriers; tous les Nobles vivoient dans leurs terres.

Il y avoit des *serfs*, & des hommes *de Poëtes* (*) ; les serfs étoient attachés à la glebe ; on les vendoit avec le fonds : ils ne pouvoient s'établir ailleurs, se marier, ni changer de profession, sans la permission de leur Seigneur : ce qu'ils gagnoient étoit pour lui ; & si le Seigneur souffroit que le serf défrichât quelque nouvelle terre, ce dernier lui rendoit une partie du profit, suivant la convention qui se faisoit auparavant.

Les hommes de Poëtes dépendoient moins ; leurs Seigneurs n'étoient point maîtres de leurs vies ni de leurs biens, mais ils leur payoient certains droits, & étoient obligés à des corvées.

Les uns ni les autres ne faisoient point corps de communauté, la Noblesse s'y opposoit toujours ; ils n'avoient ni Juges ni Loix, le Seigneur du lieu étoit la Loi & le Juge.

L'image de tous ces droits est encore dans le Royaume Ce qui nous retrace cet

───────────────────────────
(*) Ainsi nommés du mot latin *potestas*, puissance, parce qu'ils étoient sous celle des Seigneurs.

antique esclavage, est à la vérité à présent fort éloigné de l'ancienne rigueur : il peut cependant encore nous apprendre comment la tyrannie s'est approprié les hommes, sous prétexte de les gouverner.

Qui eût osé, à l'avénement de Hugues Capet au trône, avancer que ces droits étoient déraisonnables, qu'ils faisoient tort au corps de l'Etat, qu'ils l'affoiblissoient, qu'il étoit souhaitable de les abolir ? Qui eût annoncé que tôt ou tard les progrès de la raison humaine tendroient à ramener les Citoyens vers l'égalité ? Que de cris contre un tel Prophete ! La Noblesse ne l'auroit-elle pas traité d'ennemi de la Patrie ? Mais ce qui étonne, ce qui scandalise le plus dans un temps, se voit enfin canonisé dans un autre ; & c'est l'abus effacé, qui devient alors incroyable. Ceci soit dit pour nos espérances, & à l'honneur de notre Siecle ; mais à sa honte, voyons aussi si nous n'avons pas encore des principes de notre temps qui feront l'étonnement de nos neveux.

Les premieres lueurs de la réforme de nos vieux principes, furent le fruit des Croisades ; oui, ce fut alors que commença le retour à l'égalité & à la justice : l'ordre & la sagesse reparurent, non par l'effet d'un système suivi, mais de fait & par hasard. Les grands Seigneurs, épuisés par la dépense de ces dévotes folies, ainsi que par celles des tournois & des Cours plénieres, sentirent le besoin d'argent. Louis VII leur procura les moyens d'en avoir, & ce moyen fut d'accorder aux Villes & aux Bourgs la faculté de se racheter pour de l'argent.

On ne dira pas que ce fut par un grand trait de politique, que ce Prince fit faire ce pas à la Démocratie sur l'Aristocratie ; mais la Monarchie opéra ce qui lui étoit bon, sans l'avoir réduit en principe, parce que la justice l'emporte tôt ou tard, qu'elle procure enfin le véritable intérêt des hommes, & que leurs propres passions les y ramenent : l'on verra en effet quels succès suivirent cet affranchissement, tant pour l'autorité royale, que pour la richesse de l'Etat. La dépendance des personnes cessa donc, & les droits qui tomboient sur les hommes, se leverent sur les maisons & sur les fonds.

L'affranchissement ne fut pas d'abord universel ; mais en peu d'années, disent nos Historiens, le bon effet s'en fit sentir, tant pour les anciens maîtres que pour les affranchis : tous se racheterent, & on

sur le Gouvernement de France. 139

se mit à cultiver les terres avec un esprit de propriété qui répandit dans le Royaume une abondance inconnue auparavant ; ainsi les Seigneurs y gagnerent des fonds & des revenus.

Peu à peu les Villes & les Bourgs acheterent le privilége de se choisir un Maire & des Echevins ; & c'est-là l'époque de la premiere police dans les Villes de France.

Cette permission d'avoir échevinage, étoit confirmée par le Roi ; on ne manquoit pas de lui demander son attache, quand on étoit bien conseillé, afin d'en jouir avec plus de solidité ; autrement il y auroit eu des grands Seigneurs qui l'auroient revendue plusieurs fois.

Le Peuple, devenu tout-à-fait libre, demanda des Loix ; chaque Seigneur en établit, chaque Communauté, plus ou moins affranchie, s'en donna à elle-même ; de là nous vient cette multitude de Coutumes dans le Royaume.

Les nouveaux affranchis, pour s'égaler aux Ecclésiastiques & aux Nobles, voulurent aussi être jugés par leurs Pairs ; on leur en accorda de la même condition que les justiciables ; ils se qualifierent de Pairs bourgeois.

Les Historiens des XIII & XIVe. siecles

font des descriptions touchantes des avantages qui résulterent de ces changemens : les Villages, disent-ils, se multiplierent ; on ne vit plus de terres incultes ; le Paysan, devenu maître de son industrie, se rendit Fermier des terres que son Seigneur négligeoit auparavant ; il prit à cens ou à champart celles qu'il avoit ci-devant cultivées comme esclave ; les Villes devinrent plus peuplées ; les habitans s'adonnerent aux Arts & au Commerce. Jusque là les François s'étoient peu mêlés de négoce ; tout se faisoit par les Etrangers, qui enlevoient ce qu'il y avoit d'or dans le Royaume, & y apportoient quelques bagatelles curieuses pour ces temps-là.

On se mit à réfléchir sur ses intérêts (les réflexions ne sont de saison que lorsqu'on est en liberté d'agir en conséquence). On s'adonna à la navigation & au commerce, & on commença à fabriquer en France ce qui étoit le plus à portée de nos besoins : on vit un Jacques Cœur, sous Charles VII, pousser l'habileté & le succès dans le commerce, aussi loin qu'aucun Commerçant étranger à la France eût encore fait : les François vont rapidement dans tout ce qu'ils entreprennent ; ils

sur le Gouvernement de France. 141

n'ont à craindre que le relâchement qui suit les grands succès, non par un véritable découragement, mais par lassitude de leurs propres idées.

M. de Boulainvilliers a fait une peinture toute différente des suites qu'eut l'affranchissement des serfs ; il intitule cet article : *Désordre que causa l'affranchissement des serfs*, &, dans le détail, l'on ne trouve cependant d'autre désastre que la diminution du crédit des Nobles, la résistance des Habitans à leurs Seigneurs, quelques procès que des Roturiers *osèrent* intenter à des Nobles, le recours qu'ils eurent *insolemment* au trône, & par-là l'intervention des Rois dans les affaires entre les Nobles & les Paysans ; désordre, dit-il, qui est parvenu à l'excès où nous le voyons & où nous le ressentons.

Ce qu'il y a de plus juste & de plus nécessaire, paroît injuste à des yeux prévenus ; d'un autre côté, tous nos Historiens, qui n'ont pas les mêmes raisons de se prévenir, font de longues énumérations des progrès & des avantages du Gouvernement populaire en France ; & je vais en copier ici quelques traits, qui peut-être ne sont pas assez généralement connus, ni assez remarqués.

Par l'effet de la liberté rendue aux Peuples, les Villes s'enrichirent, & devinrent bientôt si puissantes, que, pour les faire contribuer avec moins de répugnance aux dépenses de l'Etat, on commença à les appeler par députés aux assemblées générales : voilà l'origine du *Tiers-Etat*, qui certainement n'avoit pas été connu jusqu'alors dans les délibérations nationales.

En 1304, les Députés des Villes y entrerent pour la premiere fois, & ce ne fut que pour représenter leurs besoins & la modicité de leurs facultés ; on n'y eut que médiocrement égard, & ce premier honneur couta cher aux Peuples ; car dès qu'ils eurent à capituler pour payer moins, on les força à contribuer ; on admit plus ou moins de Députés, afin de convenir des sommes que les Villes & les Communautés seroient tenues d'avancer pour subvenir aux nécessités publiques. Une admission, ainsi répétée, devint ordinaire, & enfin de droit indispensable ; & voilà bien de quoi faire crier M. de Boulainvilliers sur l'insolence qu'eurent alors les Roturiers de concourir avec les Seigneurs aux plus grandes délibérations, & de ce qu'ils ne se contenterent pas d'y contribuer de leur argent, sans oser ni raisonner ni représenter.

Bientôt après, il n'y eut plus d'Etats-Généraux du Royaume sans le Tiers-Etat; & par la suite les Députés étant très-nombreux, & faisant les plus grands frais, ils eurent autant de pouvoir que ceux du Clergé & de la Noblesse ; ces Ordres ayant admis le troisieme à avoir voix délibérative tout comme eux, pourvu qu'il payât bien davantage. C'est pourtant à cette admission que commença la chute de la Noblesse & du pouvoir féodal en France : l'accroissement de l'autorité de nos Rois a fait le reste ; ce qui nous prouve, quoi qu'on en dise, que la Démocratie est autant amie de la Monarchie, que l'Aristocratie en est l'ennemie.

La prospérité du Peuple enrichit le Monarque, mais il a toujours fallu à la Noblesse quelque grande cause de ruine, pour la porter à céder à l'autorité royale & au bien commun du Royaume.

ARTICLE IV.

CHARLES VII.

Ce qui commença à résulter, comme nous l'avons dit, des Croisades, des affranchissemens des Communes, & des contributions & établissemens des Peuples, s'achera sous Charles VII. Les guerres des Anglois continuerent à procurer l'abaissement de la Noblesse.

On sait que ces malheureuses guerres civiles mirent le Royaume à deux doigts de sa perte. Charles VII eut bien de la peine à recouvrer sa couronne, & à se soutenir dans le commencement de son regne ; mais il arrive toujours que de pareilles difficultés surmontées, rendent ensuite la condition du Prince meilleure qu'elle n'étoit avant l'orage.

Un Roi est considéré comme l'heureux conquérant de son Royaume, quand il a terminé une révolte générale.

Aussi Charles VII devint-il plus absolu que Charles V, son aïeul, quand il eut enfin chassé les Anglois & les Bourguignons.

Il arriva alors que le Clergé & la Noblesse, également ruinés, lui laisserent, sans résistance, changer tout ce qu'il voulut aux plus anciens usages de la Monarchie.

Il abolit les Cours plénieres, qui ruinoient également le Fisc & la Noblesse, mais qui, rassemblant les Seigneurs tous les ans, les rendoient plus puissans dans les affaires de l'Etat, & plus autorisés

dans

dans leurs terres, quand ils y retournoient; presque plus de tournois, qui rappeloient les guerres privées. Cependant les Cours de nos Rois ont encore conservé un des inconvéniens des anciennes ; on s'empresse de s'y rendre, & on s'y ruine, dans l'espoir, quelquefois trompeur, de s'y accréditer.

Les Ministres de Charles VII profiterent de l'accablement général, & sous le beau prétexte de le réparer, ils changerent tout l'ordre des finances, de la guerre & de la justice ; ils firent dépendre tout du Roi, & ôterent à la Noblesse l'usage de cent priviléges attribués à leurs titres : l'autorité royale trouva bien mieux son compte avec les Roturiers, dit Mézerai.

On devroit dire que c'est bien plutôt la fin du regne de Charles VII qui a mis nos Rois hors de page, que celui de Louis XI. Celui-ci profita plus de l'effet de cette époque, qu'il ne l'a opéré lui-même.

Article V.
Louis XI.

Louis XI alla brusquement à la source des résistances qu'il éprouvoit. Il eut à faire

K

à des Seigneurs trop puissans pour ne pas travailler à s'en garantir. Les apanages des Princes du Sang approchoient plus alors du droit de souveraineté, que d'une simple possession domaniale & honorifique comme ils sont aujourd'hui. Leur donner la Normandie ou la Guienne, c'étoit faire revivre, au milieu de la Monarchie, autant de Souverainetés plus dangereuses que celles qu'on avoit éteintes depuis trois siecles. Par l'effet de sa capacité personnelle, plutôt que par aucun conseil, Louis XI surmonta ses Rivaux avec une adresse condamnable dans ses moyens, peut-être même dans son objet pour un Roi François; mais il avoit formé le dessein de régner arbitrairement, & enfin il en vint à bout.

ARTICLE VI.

CHARLES VIII, LOUIS XII, FRANÇOIS I, HENRI II.

Sous les quatre regnes qui suivirent, les guerres d'Italie & leurs suites épuiserent le Royaume d'hommes & d'argent.

Louis XII marqua plus sa bonne volonté à ses sujets, qu'il ne la rendit efficace pour leur bonheur.

L'autorité royale avoit fort étendu ses bornes; mais elle tenoit encore du moins à quelques formes extérieures de liberté, qui achevent aujourd'hui d'expirer, & dont peut-être l'extinction totale n'est pas destinée à nous faire grand bien ni grand mal. Si les Etats-Généraux n'étoient qu'un simulacre & une forme vaine, à quoi bon les regretter? S'ils étoient vraiment utiles, espérons mieux du désir de bien régner, & du progrès des mœurs & de la raison. Une simple consolation suppose des maux ; la Patrie demande des bienfaits. Les derniers Etats-Généraux sont de 1614 & 1615; il y a eu depuis quelques assemblées de Notables. On tenoit toujours ces Etats Généraux dans les grandes occasions, & on n'en a plus vu depuis environ cent ans. A ces assemblées augustes a succédé l'aigreur importune des Parlemens, composés de Magistrats qui apprennent aux Peuples qu'ils sont esclaves, sans pouvoir diminuer en rien le poids de leurs chaînes.

Le résultat de ces contradictions insuffisantes a été une maniere de lever les subsides, la plus fâcheuse qu'on puisse imaginer. On négocie en finance comme en politique, avec des gens qui se chargent de vexer les Peuples, au nom du Roi, de la maniere la plus lucrative, & qui en même temps fasse le moins crier. Les artisans de cette manœuvre étoient connus, pendant le dernier siecle, sous les noms odieux de Traitans, Maltôtiers ou Donneurs d'avis; aujourd'hui cela s'appelle des Financiers. Ils ont composé une espece de nouvel Ordre dans le Royaume, avec un savoir fort étendu, & malheureusement trop écouté dans l'Administration intérieure. On prétend que nos premiers Financiers sont venus d'Italie. Le voyage de Charles VIII, les autres guerres d'Italie, & sur-tout Catherine de Médicis, remplirent le Gouvernement François d'Italiens, dont on a pris la souplesse & la pernicieuse politique pour habileté.

Les premiers Traitans furent regardés du Peuple comme de faux & mauvais Chrétiens : on croyoit qu'il n'y avoit que des Juifs capables de faire un pareil métier : depuis on s'est si bien accoutumé aux Financiers, qu'on regarde leur état comme devenu presque honorable à force d'être lucratif.

Article VII.
Vénalité des Charges.

Le premier fruit de cet art financier, jusque-là inconnu, fut la vénalité des Offices que l'on commença à mettre en regle sous François I.

Il est étonnant que l'on ait accordé une approbation générale au Livre intitulé *le Testament Politique du Cardinal de Richelieu*, ouvrage de quelque mauvais Commis, & indigne du grand génie auquel on l'attribue, ne fût-ce que pour le Chapitre où il canonise la vénalité des Charges ; invention odieuse, qui a produit tout le mal qui est à redresser aujourd'hui, & par où les moyens en sont devenus si pénibles.

La vénalité des Offices a empêché cet heureux progrès de la Démocratie, que nous venons d'admirer sous les regnes qui ont été exempts des guerres civiles.

En s'étendant depuis François I jusqu'à présent, semblable à un principe de corruption qui infecte la masse du sang, elle a détruit en France toute idée du Gouvernement populaire.

L'autorité royale, & la Démocratie qui doit lui être subordonnée, souffrent également de la vénalité des Charges ; ce qui prouve que ces deux pivots de tout bon Gouvernement doivent être d'accord, & ont une communauté d'intérêts.

Le Roi a aliéné pour toujours la plus belle de ses prérogatives, qui est le choix de ses Officiers, & même le pouvoir qu'il leur communique.

L'hérédité transmet des pères aux enfans ce pouvoir, & cette transmission ne tient plus qu'à un agrément difficile à refuser.

L'amovibilité de l'Officier qui ne pousse pas la prévarication jusqu'à la grossiéreté, n'est plus dans la main royale ; il faut lui faire son procès, & que ce procès soit instruit & jugé par la Compagnie dont est l'accusé. L'intérêt de ces Compagnies s'est placé bien plus dans l'indépendance, que dans le zèle du bien public.

Par-là peu de fautes sont punies, peu d'abus sont rectifiés, quoique les délits & même les erreurs de ceux qui doivent l'exemple, soient des crimes par leur conséquence pour la Société.

Par-là on voit de tous côtés négligence & infidélité dans la chose publique ; en un mot, tous les mauvais effets qui suivent une propriété mal acquise dans l'origine & dans l'institution.

Voilà donc encore une forme de Gouvernement inconnue aux Anciens, & qui nous étoit réservée en échange du monstrueux Gouvernement féodal; celui-ci avoit du moins une source ennoblie par le mérite des premiers auteurs: il se maintenoit par la violence ouverte, qui suppose toujours force & courage; il se soutenoit par une éducation distinguée entre les autres Citoyens, & il élevoit à l'autorité, des hommes plus ou moins illustres par leur naissance.

Mais la vénalité des Charges a la plus basse de toutes les origines, l'avarice, l'argent, la cupidité. Qu'on se rappelle tout ce que la Morale nous prêche contre le désir insatiable des richesses, & que l'on juge à quel point la vénalité a dû influer sur les mœurs Françoises: ce n'étoit pas assez à l'argent de procurer des commodités infinies, il est devenu presque la seule voie d'acquérir tous les honneurs. La vénalité a commencé par les Charges de finance, puis a passé aux Magistratures de Justice, dont il semble cependant que l'exercice est une espece de sacerdoce aussi respectable & aussi peu propre aux pactes simoniaques, que la jouissance des revenus ecclésiastiques qu'on s'efforce, avec tant de soins, d'exempter de cette tâche ; cet abus a passé aux fonctions de la Police & de l'Administration ; enfin il s'est emparé de tout.

Ce progrès suivi dans un ordre si peu raisonné, prouve bien que ce sont les mauvais conseils, & non la saine politique, qui ont toujours présidé à l'établissement de la vénalité.

Qu'on ne nous dise point que l'on exige des acquéreurs la capacité nécessaire pour remplir les Offices dont ils ont traité ; les conditions imposées à leurs provisions & à leur réception sont si légeres, que l'on peut bien être assuré que l'achat est leur premier & principal titre, & celui auquel rien ne peut suppléer ; & la preuve, c'est que ce Magistrat, si difficile à évincer lorsqu'il ne fait que négliger ses devoirs, est forcé d'abandonner son Office s'il ne peut le payer.

On a mis en principe, que le Roi ne pouvoit aliéner la moindre partie de son domaine foncier. L'aliénation de la puissance publique est-elle donc moindre ? Mais on est embarrassé à attaquer & à détruire cet abus, qui a des fondemens peut-être plus solides que l'usurpation forcée, car on y a intéressé la constitution du Royaume & les droits de la Justice.

Comment, nous dira-t-on, rembourser cette multitude d'Offices ? & n'est-il pas juste de rendre les sommes que le Roi a touchées ? Sans doute ; mais il est possible de séparer le prix de l'Office, du titre & des fonctions de l'Officier, & de continuer d'en payer la rente : qu'elle soit héréditaire, transmissible, vendable, effet de commerce ; mais que l'Europe entière ne puisse plus reprocher à la France, que le droit d'exercer l'autorité publique, celui de rendre la justice & de veiller à la bonne administration, y est vénal & commerçable.

Dussiez-vous, pour rembourser ces finances, aliéner des terres domaniales, qui seroient mieux soignées par des propriétaires assurés de leur possession, que par des Fermiers généraux ou par des Engagistes, qui craignent sans cesse qu'on ne la leur redemande. Le Roi & la Nation gagneroient encore beaucoup à la suppression de la vénalité & de l'hérédité des Offices, & de l'indigne trafic des parties casuelles, que j'ose dire être à la honte du Gouvernement François.

Article VIII.

Les Enfans d'Henri II, & Henri IV.

Après les guerres d'Italie vinrent en France les guerres civiles de Religion. Il eſt à remarquer que pendant les guerres étrangeres, il n'arrive de changement au Gouvernement, que ceux qui ſont inſpirés par le beſoin d'argent; au contraire, l'autorité royale y gagne, elle paroît alors plus ſouveraine : pendant les guerres civiles, au contraire, l'autorité plie, mais l'Etat s'épuiſe moins; on en ſort ordinairement par quelque changement ou altération dans le Gouvernement; quelquefois elle eſt favorable au ſyſtême Monarchique, quelquefois au Républicain.

Un regne à jamais mémorable termina en France les troubles du ſeizieme ſiecle; ce fut celui d'Henri IV. Les bonnes intentions connues, & l'activité de ce Prince & de ſon Conſeil, furent telles, que les mauvaiſes diſpoſitions des Peuples pour l'autorité royale, ſe changerent. Sans déraciner l'héréſie par violence, on la calma, on endormit la voix ſiniſtre du fanatiſme des deux Religions. La France en impoſa au reſte de l'Europe; & ſans renverser la forme de l'administration intérieure, quelque imparfaite qu'elle fût alors, on ramena promptement dans le Royaume l'ordre & l'abondance ; tant chaque mesure du ministere de Sully paroissoit juste & droite. Que n'eût pas produit un tel regne dans des temps plus heureux, par exemple aujourd'hui, & dans un Gouvernement mieux constitué ?

L'Abbé de Marolles a fait des Mémoires où il dépeint naïvement le temps de son jeune âge. En lisant l'endroit que je vais citer, on croira entendre parler l'âge d'or ; & il est vrai que, s'il a jamais existé en France, c'est sur la fin du regne d'Henri IV.

» L'idée qui me reste de ces temps-là,
» me donne de la joie. Je revois en esprit
» la beauté des campagnes d'alors. Il me
» semble qu'elles étoient plus fertiles
» qu'elles ne l'ont été depuis, que les
» prairies étoient plus verdoyantes qu'elles
» ne sont à présent, que nos arbres avoient
» plus de fruits. Il n'y avoit rien de si
» doux que d'entendre le ramage des oi-
» seaux, le mugissement des bœufs, & les
» chansons des Bergers. Le bétail étoit
» mené sûrement aux champs, & les La-
» boureurs versoient les guérets, pour y

» jeter du blé que les leveurs de tailles
» & les gens de guerre n'avoient point
» ravagé. Ils avoient leurs meubles &
» leurs provisions nécessaires ; ils cou-
» choient dans leur lit ; on voyoit par-
» tout une propreté bienséante. L'éloi-
» gnement du grand monde n'abattoit
» point le cœur, & ne rendoit point la
» Noblesse plus grossiere. On entendoit
» des concerts de musettes, de flûtes &
» de hautbois ; la danse rustique duroit
» jusqu'au soir ; on ne se plaignoit point,
» comme aujourd'hui, des impositions ex-
» cessives ; chacun payoit sa taxe avec
» gaieté. Telle étoit la fin du regne du
» bon Roi Henri IV, qui fut aussi la fin
» de beaucoup de biens & le commence-
» ment d'une infinité de maux, quand une
» Furie ôta la vie à ce grand Prince «.

Article IX.

Louis XIII.

Mais la France retomba bientôt, sous la minorité perpétuée de Louis XIII, dans les troubles de l'Aristocratie & de la Monarchie mal entendue. On prétendit vaincre l'hérésie par la force ouverte : les Hérétiques crurent, de leur côté, s'assurer la liberté de conscience en se révoltant ouvertement contre le Souverain, & en se servant des Tyrans politiques qui se mirent à leur tête, & n'appuyoient leur révolte que pour la faire durer. L'empire des Favoris, & l'insatiable avidité des Grands, épuiserent bientôt l'épargne du sage Henri, & toutes les ressources des finances.

Enfin un Ministre mieux choisi que les Favoris, répara ces désordres ; & si nous prétendions ici prodiguer ses louanges, nous puiserions aisément dans l'abondante source de cette spirituelle Académie qui le reconnoît pour son Fondateur.

Richelieu travailla au dedans à calmer les troubles dans leurs causes, & au dehors à abaisser les ennemis de l'équilibre Européen.

Ce qui calme les maux sans les guérir, ne s'appelle que palliatif. Les véritables remedes vont à la racine du mal ; ainsi on ne doit honorer du beau nom de Pacificateurs, que les génies politiques qui, comme Richelieu, attaquent les désordres dans leurs principes. Au dedans, il eut à rétablir l'autorité Monarchique ébranlée & affoiblie ; au dehors, il eut à restituer à la réputation de notre Couronne tout ce qui doit lui appartenir par son poids. Il lui faut attribuer jusqu'à l'honneur de ce que nos Alliés firent pour ruiner la Maison d'Autriche ; il les y encouragea.

Richelieu, continuellement occupé de guerre, eut cependant assez de sagesse pour ne rien faire de contraire à la bonne économie ; il soutint principalement le fardeau des affaires politiques, & laissa à d'autres Ministres les soins plus doux du commerce & de l'abondance.

Il est à remarquer ici, que l'excès d'autorité dont jouissoient alors les Gouverneurs des Provinces & des Places frontieres, formoit une maniere de Gouvernement approchant de celui des grands Vassaux sous Hugues Capet.

La Monarchie, sous certains regnes qui ne reviennent que trop souvent, oublie ses devoirs & même ses véritables intérets. Les mêmes abus renaissent, pour le malheur des Peuples & du Monarque ; usurpation par les gens puissans ; partage des droits régaliens. On vit, sous Louis XIII, les Gouverneurs maîtriser les Peuples, en vertu du commandement des troupes qui leur étoit confié ; ils flattoient la Noblesse en lui passant la tyrannie dans ses terres ;

ils tiroient de l'argent du Tiers-Etat par crainte de leurs violences, & du Clergé par celle des Hérétiques. Au milieu de ceux-ci, toujours armés, ils étoient chargés de la subsistance des troupes & de leur emploi ; sous ce prétexte, ils s'enrichissoient prodigieusement , & étant maîtres de petites armées, ils l'étoient aussi de leurs Provinces.

Un Lesdiguieres, un d'Espernon, mécontens de la Cour, alloient la faire trembler dans leur gouvernement. Richelieu, par des exemples de sévérité effrayans, mais nécessaires, commença à ménager la destruction de ce genre de tyrannie que le Siecle de Louis XIV a vu tout-à-fait disparoître.

On prétend que le Cardinal de Richelieu avoit les projets de sa politique, tant intérieure qu'extérieure, tout médités & tout prêts quand il arriva au Ministere. Ses vûes pour le dehors, furent principalement d'abaisser la Maison d'Autriche, en lui attirant des ennemis qui montrassent que sa puissance n'étoit que grandeur sans force ; pour le dedans, d'extirper l'hérésie & d'abaisser la Noblesse de France : si cela est vrai, jamais il n'y eut un plus grand génie au monde ; mais convenons que presque toujours, dans ces vastes opérations politiques, le plan ne naît ordinairement que de l'exécution même & à mesure des succès.

Quoi qu'il en soit, il avança beaucoup tous ces grands desseins, & sous le regne suivant on parcourut la même carriere, on partit de ces progrès, & l'on alla infiniment plus loin.

Article X.

Louis XIV.

Il semble que Louis XIV, aidé de Ministres habiles & hautains, ne soit jamais sorti des vûes de Richelieu ; que même, après les avoir accomplies, il ait encore voulu passer le but ; fécond & peut-être outré dans les moyens qu'il a employés pour remplir les vûes de Richelieu sur tous les objets politiques qu'il pouvoit se proposer.

Il faut convenir qu'il a chassé trop précipitamment les Huguenots en révoquant l'Édit de Nantes, & en faisant exécuter trop violemment cette nouvelle Loi ; d'autres ont assez dit quels maux cela a causés à la France.

Il a enlevé l'Espagne & les Indes Occidentales

dentales à la Maison d'Autriche, & les ayant fait entrer dans sa Maison, il a attiré à la France une jalousie universelle, qui se renouvellera à chaque avantage qu'elle obtiendra de la fortune, & qu'elle ne peut perdre qu'en se conduisant mal dans son intérieur, & laissant ses voisins s'agrandir au dehors, en oubliant l'art de les arrêter avec adresse & de mettre des obstacles & des entraves à leur ambition.

Louis XIV a ravalé les Grands au point de leur ôter le courage & l'émulation de se distinguer. La Noblesse est ruinée jusqu'à ne pouvoir plus subsister que par des mésalliances & autres démarches qui l'avilissent. Les Peuples sont soumis au point de n'avoir pas la force de connoître où sont leurs véritables intérêts ; ils baisent les fers dont ils sont enchaînés, ou gémissent sans faire aucuns efforts pour s'en débarrasser.

Ce qui sauva la France pendant les guerres civiles de la minorité de Louis XIV, appartient à la politique de Richelieu, mort quelques années auparavant. La grande foiblesse de la Monarchie d'Espagne, & les amis que Richelieu nous

L

avoit laissés en Allemagne, empêcherent l'Empereur & le Roi Catholique de profiter de nos divisions ; nous fîmes la célebre paix de Munster, tandis que le Parlement de Paris décrétoit Mazarin, & que l'Angleterre étoit agitée de factions tragiques.

Ainsi nos troubles ne furent que passagers ; ils suspendirent peu nos avantages au dehors, & ne ruinerent rien au dedans; l'autorité royale reparut comme un soleil qui a écarté les tempêtes.

La couronne fut enfin portée par un Souverain digne en tout de cet auguste caractere, dès qu'il se montra gouvernant par lui-même ; l'obéissance de ses sujets devint esclavage ; ils se feroient dévoués pour lui, comme ceux du Vieux de la Montagne. La Nation n'eut donc plus à travailler pour elle-même, mais seulement pour la gloire du Monarque, & il ne s'agissoit que de connoître parfaitement en quoi elle consistoit.

Il disoit, & tout se faisoit. Il voulut des Arts ; son regne devint celui d'Auguste ; lorsqu'il voulut conquérir, ses troupes furent celles d'Alexandre : quand il marqua qu'il faisoit cas de la vertu, il trouva des Joseph, des Aristides, des Emiles, dans les Colbert, les Turenne & les Catinat.

Quand on critiquera son regne, qu'on s'en prenne aux vices de quelques Agens dans l'exécution détaillée, mais qu'on rende justice au plan & aux vûes supérieures.

Au reste, l'idée que Louis XIV même avoit de la gloire, n'étoit pas assez rectifiée par la Philosophie ; elle tenoit trop à l'homme & au temps. Quoique ces temps ne soient pas reculés, nous nous trouvons cependant avoir fait depuis de grands progrès en Morale & en Philosophie : quelques revers y ont contribué. On blâme aujourd'hui des desseins qu'on admiroit il y a soixante ans, tel que celui d'exciter l'Angleterre & la Hollande à s'entre-déchirer pour avoir le loisir de conquérir la Flandre sur l'Espagne, ou celui de châtier les Hollandois en les noyant tous.

Sous Louis XIV, notre Gouvernement s'est arrangé sur un nouveau système, qui est la volonté absolue des Ministres de chaque département ; l'on a abrogé tout ce qui partageoit cette autorité.

Les troupes étant soldées par le Trésor royal, les Officiers recevant leur caractere & leurs ordres en droiture de la Cour, le pouvoir des Gouverneurs de Provinces est devenu à rien ; ce titre n'est plus qu'un vain nom, & se réduit à une pension tirée sur le Trésor royal. Ainsi la Cour a pris toute la ressemblance de ce que le cœur est dans le corps humain; tous les fluides y passent & y repassent plusieurs fois, pour aller circuler aux extrémités du corps.

Les Conseils n'ont malheureusement à présent en France qu'un pouvoir de nom; il n'y passe que les plus petits objets de délibération; tout se ressent de l'esprit de la Monarchie absolue & de l'autorité arbitraire: promptitude d'expédition, mais fausse unanimité dans les Conseils, qui n'est, à vrai dire, que la volonté d'un seul; d'ailleurs malheureusement, incertitude continuelle dans les principes, qui sont toujours ceux du jour, du moment, pas même ceux du Monarque, mais ceux du Ministre, qui quelquefois n'en a point.

Le département qui a le plus gagné sous Louis XIV & infiniment depuis, est celui des Finances. Il n'y a plus, à proprement parler, que deux grands Ministeres en France; celui des Affaires Etrangeres pour le dehors, & celui des Finances pour le dedans: à celui-ci sont réunis les dépenses de toute espece, quelque objet qu'elles aient, toute police générale, commerce, circulation d'argent, banque, & toute la fortune des Particuliers ; ainsi l'histoire des progrès de la Monarchie en France, depuis M. Colbert, dépend de l'histoire des Ministres de la Finance.

La cause de cette surprenante attribution n'est pas louable ; on pourroit dire que le Monarque ne songe qu'à avoir de l'argent, puisqu'il ne voit le bonheur de ses sujets que par les yeux de son grand Trésorier, & ce reproche n'est malheureusement que trop fondé.

M. Colbert se trouva assez grand, pour suffire à la fois à tous les objets de son ministere : ses successeurs ont eu beau donner la même étendue à leurs sollicitudes, ils n'ont pas eu les mêmes talens pour y pourvoir.

Ses soins étoient partagés entre la prodigalité & l'économie. Il falloit beaucoup recouvrer pour beaucoup dépenser, prévoir tout ce qui pouvoit survenir d'extraordinaire dans les dépenses à venir, & améliorer le théatre de tant de scenes opposées : il fournit à tout cela, ce qui doit le ranger au nombre des hommes du premier ordre.

Par les soins de Colbert, on vit s'établir & se perfectionner, en peu de temps, en

France, des Arts qui y étoient auparavant inconnus. Il découvrit aux François leur talent pour les Beaux-Arts, ainsi que pour tout ce qui est du ressort du goût & des graces ; nous y surpassâmes bientôt les autres Nations : cette supériorité nous en est restée; ce qui prouve bien qu'elle nous étoit acquise par la Nature, & qu'il ne s'agissoit que de la mettre en valeur. Il encouragea le commerce, il fut le Mécene des Belles-Lettres.

Mais tout cela appartient plutôt à l'honneur & à la gloire d'une Nation, qu'à l'essence du Gouvernement dont je traite ici. Tous les gens de goût vantent nos avantages pour la perfection des Arts, & ils ont raison ; mais doit-on accorder à cet objet la préférence sur tant d'autres? La question se réduit à ceci : Faut-il songer aux sculptures & aux dorures d'un édifice, avant que d'en avoir assuré la fondation & la charpente ? Tant que nous verrons dans le Royaume tant de misere & de mendicité, soyons assurés que le bâtiment n'est pas encore solide.

Colbert, chargé de lever tant de deniers pour les guerres & pour les bâtimens, trouva le secret de ne choisir que les moyens de finances les moins onéreux,

& qui décourageoient le moins l'agriculture.

Par-là les richesses apportées du dehors, l'état de la Cour & la gloire du regne répandirent dans le Royaume un encouragement qui approche des bienfaits de la liberté, quoiqu'il ne soit pas si profitable.

Louis XIV vouloit de nouvelles sommes; Colbert mettoit de nouveaux impôts, & se faisoit haïr de la populace. Les impôts portoient sur la consommation & sur l'usage des choses de luxe. Il avoit des principes fixes dont rien ne le faisoit départir, d'autant que le Roi l'en laissoit le maître. Sur la fin de son ministere, les Courtisans persuaderent au Roi que les impôts faisoient crier, & qu'au contraire les créations des rentes sur la Ville feroient plaisir à tout le monde.

Colbert représenta que ces nouvelles charges accableroient sans ressource le Fisc & le crédit royal, & que tout l'argent destiné au commerce s'y absorberoit ; on lui résista, on le voulut, & ce fut-là l'époque de la misere publique.

Sous ses successeurs on profita du bon état où il avoit mis le Royaume, pour continuer les mêmes dépenses; mais on ruina la France par des moyens nouveaux, &

aussi mal choisis que les siens étoient profonds & ménagés.

Les successeurs de Colbert ne cherchèrent qu'à fournir au Roi les sommes qu'il voulut, par les voies les plus promptes & les moins capables de leur attirer des plaintes.

Entre la paix générale & la mort de Louis XIV, on alloit peut-être réparer le chaos des affaires par la simple économie ; mais le Régent, impatient, & voulant sortir des routes ordinaires, rendit quittes, avec des papiers de crédit, tous les débiteurs, excepté le Roi. Le système de Law, mal entendu & mal suivi, & ce qui a succédé, ont tout gâté.

Le meilleur ministere de ces derniers temps (celui du Cardinal de Fleury, digne de faire encore mieux par la vertu qui y présidoit), a été celui où l'on a le moins innové. L'épreuve qu'on a faite à cet égard, est sans doute ce qui décrie si fort toute innovation en bien comme en mal ; mais pour se décider là-dessus, il faut considérer deux choses : N'y a-t-il pas encore des abus à détruire, des maux à prévoir & à arrêter dans la source, & n'y a-t-il pas des moyens à employer pour les prévenir ?

Qu'on fasse remonter cet examen à la

mort de M. Colbert, qu'on parcoure les états de finance, qu'on compare le prix & l'abondance des denrées, qu'on entre dans le détail des fortunes particulieres, qu'on interroge les Anciens sur l'état de la campagne d'alors, & qu'on le rapporte à celui-ci, on sentira sans doute le défaut de cette mauvaise réponse que l'on fait aux plaintes de la misere, en disant qu'on a toujours parlé de même. On verra qu'aux richesses réelles provenantes de la culture & des revenus des terres, ont succédé des richesses fictives & idéales, uniquement fondées sur le produit d'un argent placé entre les mains du Roi, ou entre celles de Particuliers qui n'ont que le Roi & le crédit du Roi pour garans de leurs fortunes; richesses de Banquier, qu'une seule banqueroute, qui influe par cascade d'un débiteur sur l'autre, peut faire disparoître. Voilà ce qu'a produit la multiplicité, presque inconcevable, des rentes & des emprunts. Les richesses de la France étoient autrefois entre les mains des Propriétaires, elles ont passé dans celles des Financiers; elles seront bientôt abandonnées aux Banquiers, aux risques attachés à cette espece de fortune.

On sauroit, par une bonne Histoire

des Finances, que je ne voudrois voir composée qu'en vûe de pure utilité, & non pour satisfaire une vaine curiosité & une stupide admiration ; on sauroit, dis-je, à quel point les idées à cet égard ont changé en France.

On y verroit quelles vexations on emploie pour le recouvrement des impositions, qui pourroient & devroient toujours être également partagées, quoiqu'il y en ait qui semblent inviter à l'injustice ; on apprendroit par quelle méthode s'impose la taille arbitraire, tarif des autres impositions, & qui n'a souvent d'autre proportion que celle indiquée par la vengeance & l'envie, ou par la facilité qu'il y a de demander davantage à celui qui paye le mieux : on verroit par quelle monstrueuse politique on a joint les fonctions de Magistrat à celles de Financier sur la tête du Collecteur, & on seroit effrayé de reconnoître que les contributions sur les ennemis se levent avec plus de douceur & de charité, que le contingent pour le Pere de la Patrie ne s'exige avec humanité.

Enfin on n'ignoreroit aucun des moyens que les Financiers ont employés pour tirer de l'argent du Public par des voies de ménagement apparent, en préfentant même des avantages illufoires, mais qui ne font au fond que des moyens de ruine fondamentale pour la Nation, tels que les changemens de monnoie, l'illufion des billets de crédit, les doubles affignations, & fur-tout les créations des Charges & leur vénalité, dont j'ai tant parlé. Rien n'a été oublié fur ce dernier article, & on fait que l'abus a été porté jufqu'à un tel excès, qu'on pourroit faire des armées de Confeillers du Roi. On les a exemptés de différens impôts ; mais le fardeau ôté de deffus les épaules les plus fortes, a retombé fur les plus foibles.

L'adminiftration financiere & banquiere a donc été pouffée à l'extrême, depuis la mort de M. Colbert ; toutes fonctions, tout fuffrage ont été ôtés au Peuple. C'eft, par exemple, un monftre indéfiniffable, qu'un Maire & un Echevin vénal & Officier du Roi. Il doit être l'homme du Peuple, ou il n'eft rien.

Article VI.
Difpofitions à étendre la Démocratie en France.

Malgré tout ce que je viens de dire, on peut efpérer aujourd'hui, plus que jamais, la réforme falutaire dont il s'agit.

Graces au Ciel, nos Rois ne font plus ambitieux ni conquérans. L'Europe ne renferme plus que de moindres ambitions comparées à celles qui ont caufé les dernieres révolutions; les mœurs en général font plus douces. On fe pique de générofité, de bienfaifance, de défintéreffement même, & on préfere la réputation de poffédér ces vertus, à des qualités qu'on trouvoit autrefois plus brillantes, mais qui étoient plus tumultueufes. Peut-être ne cherche-t-on encore le bien qu'avec foibleffe; mais il fe peut trouver par des voies fi fimples, qu'il fera enfin faifi, & s'accomplira par des moyens lents, mais fuivis. Chacun agit fuivant fes fins, avec plus ou moins d'ardeur & d'habileté. Les fauffes démarches dont on s'étonne, viennent, la plupart du temps, des faux objets dont on ne s'étonne jamais affez; mais, avant de bien faire, il faut être établi dans le pouvoir de faire le bien: nous commençons par nous, & de là nous allons aux autres. Un homme parvenu depuis peu à un rang qui ne fembloit pas lui être deftiné, n'eft occupé que des honneurs dus à ce rang, il en eft étourdi, enivré, il ne jouit pas, il acquiert encore ; avec le temps, il voudra rendre fertile le champ qu'il a eu l'ambition & la fureur de s'approprier.

L'autorité despotique a occupé ainsi tous les Rois de la Terre. Ils ont contesté entre eux à qui gouverneroit telle Province ; ils ont disputé avec leurs sujets s'ils les gouverneroient avec plus ou moins d'autorité ; ils n'avoient pas encore songé à les bien gouverner. Mais depuis que l'autorité royale, semblable à un torrent qui inonde les campagnes, après avoir renversé toutes les barrieres qui s'opposoient à son passage, a rempli sa destination, elle doit s'occuper de sa véritable gloire, & concevoir la juste & belle émulation de bien faire.

La France en est là ; mais qu'on ne croie pas qu'elle y soit depuis long-temps ; peut-être même, en supposant que la soif de l'autorité dont nos Rois ont été tourmentés, fût bien assouvie, aurions-nous encore à essuyer quelques regnes inquiets, quelques tentatives de conquêtes ; mais les Souverains commencent à se familiariser avec l'idée de laisser à leurs Peuples quelque ombre de liberté.

Un Monarque qui n'a plus à songer

qu'à gouverner, gouverne toujours bien, car son intérêt est précisément celui de l'Etat ; il ne trouve que là sa gloire & ses plaisirs ; tout ce qui tient à son amour-propre forme son bonheur. Il devient bon par convenance, & presque par nécessité.

L'Histoire nous offre des traits singuliers de vertu chez des Princes barbares & despotiques ; des Tyrans qui se sont portés avec vigueur au bien comme au mal, des Souverains absolus qui ont voulu décidément le bien de leurs sujets & l'ont fait, qui ont pratiqué l'exacte justice, & formé des établissemens d'une police admirable : c'est ainsi qu'on se rappelle avec admiration le nom d'un Empereur de Maroc, Jacob Almanzor ; mais faute d'harmonie dans cette espece de Gouvernement, & de douceur dans les mœurs, on y voit souvent des révolutions sanglantes, des morts violentes faire succéder à ces momens heureux des regnes féroces & déraisonnables : pourquoi cela ? parce que les Grands prennent ombrage de l'autorité absolue, toutes les fois qu'elle veut se déclarer en faveur du pauvre Peuple, & le soustraire à la tyrannie de l'Aristocratie ; alors ils operent des révolutions, ou pour partager l'autorité royale, ou pour régner à leur tour. Le Peuple, qui n'a point ces prétentions, voit ces révolutions fans ofer s'y oppofer, &, accoutumé à ramper, fe profterne devant le nouveau Tyran, fans demander de quel droit il s'eft emparé du trône. Mais en France, où la fucceffion à la couronne eft fi bien établie depuis tant de fiecles, où l'autorité royale eft fi bien reconnue, que rifque le Monarque en foutenant le Peuple contre les Grands?

Le premier pas contre l'Ariftocratie, a été d'ôter d'entre les mains de la Nobleffe un pouvoir attaché à la poffeffion des grands Fiefs. On a admis enfuite parmi les Officiers Royaux, des gens fans naiffance, concurremment avec la Nobleffe; on a même quelquefois affecté de préférer les Roturiers aux Nobles, pour tout ce qui participe au Gouvernement. L'idée de l'amovibilité a favorifé ces choix: effectivement un homme de naiffance qui tient à tout ce qu'il y a de grands comme lui, fe dépoffede plus difficilement; on le corrige avec plus de peine, on lui refufe moins de perpétuer fes places dans fa famille par des furvivances. Cette politique eft affez bien entendue, & pour le Roi, & pour le Peuple. La vénalité des Offices a apporté quelques obstacles au projet de rendre le choix des places de confiance arbitraire. Et ne peut-on pas dire que le remede est pire que le mal ? Pour courir (pour ainsi dire) après ce qu'on avoit perdu, on a employé une espece d'escroquerie. Après avoir vendu les Offices les plus importans, on a cherché à les rendre de vains Titres dans les mains de ceux à qui l'on avoit fait payer chérement le droit de les exercer. On a ôté les fonctions aux Titulaires, on les a attribuées à des Commissaires qui doublent le personnage de l'Officier. Les places du ministere sont restées du moins sans finance & amovibles, & on leur a fait remplacer le Connétable, l'Amiral, le Grand-Maître & le Surintendant, tous Offices éminens, dont quelques-uns subsistent encore en titres d'Offices, & sont possédés par des grands Seigneurs, mais n'ont plus que de vains honneurs sans administration.

Les places d'Intendant de Province sont du même genre ; on leur a abandonné tout le pouvoir des Gouverneurs. On envoie pour un temps des Commandans passagers, tandis que les Gouverneurs en titres ne peuvent remplir aucunes fonctions sans des lettres particulieres

culieres de commandement, ou la permiſ-
ſion d'aller réſider dans leurs Gouvernemens.

L'autorité, dans les Provinces, eſt confiée, ſous les Intendans, à des Commiſ-
ſaires comme eux, Subdélégués, Com-
miſſaires des Guerres, Ingénieurs pour
les chemins, Inſpecteurs pour les Manufactures, &c. tous amovibles à volonté.

Les Tréſoriers de France ne ſe mêlent
plus des chemins & des ponts, quoiqu'ils y ſoient autoriſés par leurs titres
de Voyers ; tout le ſoin en eſt donné
à des Inſpecteurs momentanés.

L'adminiſtration de la Juſtice, fonctions ſi lâchement condamnées à la vénalité (à l'exception cependant des Premiers Préſidens & des Procureurs-Géné-
raux des Cours Supérieurs), eſt ſans ceſſe
troublée par des Commiſſions du Conſeil.
Le Conſeil eſt exempt de la vénalité,
mais non d'une dépendance ſervile de
l'autorité du Miniſtere.

Les brevets de retenue, nouvellement
introduits, ſont une demi-vénalité qui ne
ſert qu'à prouver que le Gouvernement,
après s'être éloigné de la plénitude de
l'abus, s'en eſt rapproché. On promet
d'éteindre ces brevets, ou d'en diminuer la

M

somme ; mais on ne fait que de foibles efforts, & encore moins pour rembourser les charges. Cependant l'on peut dire avec sûreté, que si le Ministere devient ferme, attentif, c'est un des objets dont il doit le plus s'occuper.

Mais, dira-t-on, pour nommer aux emplois de Judicature, quand ils seront tous sans finances, rétablira-t-on les Elections, ou en laissera-t-on la collation à des gens de crédit, qui en feroient eux-mêmes un commerce dangereux dont il auroit autant valu que le Roi profitât ?

A cela on peut répondre, que la pire de toutes les méthodes, pour conférer des emplois, est celle de les vendre à l'enchere, soit que le Roi les vende à l'Officier, ou un Titulaire à un Acheteur.

L'Auteur du Testament Politique du Cardinal de Richelieu dit que, pendant les factions de la Ligue, les Guises se servirent de leur crédit pour placer leurs créatures dans tous les postes de l'Etat, & que par-là ils s'ouvrirent le chemin aux grands projets qu'ils avoient conçus; il cite même sur cela l'autorité de M. de Sully, à qui il en avoit entendu parler comme jugeant qu'il valoit encore mieux laisser subsister la vénalité, que de donner si beau jeu à la faveur.

Mais l'autorité de ce grand Minis-tre est ici alléguée sans preuves, & d'ailleurs ce raisonnement est-il sans réplique. Quiconque use de sa faveur pour se faire des créatures dans un temps de faction, fera toujours courir à la Nation de grands risques. Lorsque l'autorité royale est partagée ou obscurcie, comme elle l'étoit du temps des Guises, il en résulte des inconvéniens sans nombre. Mais, dans le cas cité, il ne s'agit que d'un abus de crédit passager. Il s'ensuivroit donc qu'on doit craindre d'accorder beaucoup d'autorité au Roi même, sous le prétexte que celui qui partageroit indûment son autorité, jouiroit de trop de pouvoir. La conséquence de cette objection ne conduiroit à rien moins qu'à l'anarchie, sous prétexte de précaution pour éviter la tyrannie.

Je proposerai, dans le Chapitre suivant, des principes & une méthode qui me semblent les meilleurs pour que les emplois soient amovibles & sans finance, & cependant aussi bien remplis qu'ils peuvent l'être, vu l'inégalité du talent & du mérite parmi la nombreuse classe de Citoyens qui peuvent y aspirer.

L'extinction totale de la vénalité feroit

faire certainement un grand pas au bonheur public. Mais cette réforme est plus ou moins nécessaire, suivant les différens objets du Gouvernement. Par exemple, le prix des Offices de finance, & où il y a maniement d'argent, n'est proprement qu'une caution, & au moindre cas de prévarication, on commet à l'exercice, ou l'on vend d'autorité la Charge à un autre.

Mais dans l'administration de la Justice, la vénalité entraîne la négligence dans l'Officier, & lui inspire même l'idée d'augmenter par l'émolument & par les épices, l'intérêt de sa finance. D'ailleurs, dans l'état présent des choses, il n'y a ordinairement nulle proportion du prix à l'Office; le prix est souvent petit pour l'honneur qu'on en reçoit, quelquefois trop foible pour le salaire & pour le revenu, & presque toujours insuffisant à répondre des fautes graves, ou à purger le Royaume de fripons. Songeons donc que c'est de tous ces gens revêtus de Charges vénales, que dépendent l'abondance & le commerce. Ce ne seroit pas assez de retrancher de cette partie de l'Administration la propriété & l'hérédité, il seroit nécessaire que les Officiers n'en fussent plus royaux, mais municipaux & populaires, afin qu'ils puissent agir sous la protection & sous l'autorité du Roi, pour les intérêts du Peuple; que le Public fût admis, autant qu'il se peut, dans le Gouvernement du Public. C'est peut-être le seul moyen de faire revivre, dans nos Provinces, l'abondance & la satisfaction, suite de la bonne administration.

Mais il nous faudroit des ames fermes & des cœurs purs, pour se conduire conformément à des vûes si désirables.

Heureusement, à force d'entendre parler des abus que font de leur autorité les Intendans & les Commissaires purement royaux, les suffrages se rapprochent pour travailler à diminuer cette autorité odieuse au Peuple; mais ce qu'on a fait jusqu'à présent ressemble au Conseil des rats. On a senti les abus de la taille arbitraire, on a proposé de nouveaux systêmes, on les a critiqués, & après beaucoup de raisonnemens & quelques légeres épreuves, on s'en est tenu là.

Ah! si quelques personnes tiennent encore pour cette horrible taille arbitraire, entraînées par l'habitude d'une ancienne possession, & séduites par quelques sophismes qu'ont dictés la dureté de cœur & l'orgueil de la Noblesse, l'opulence du Financier, &c. qu'elles considerent que la France est le seul pays du Monde où les impositions soient arbitraires.

Mais déjà peu de gens conservent ce préjugé, & c'est toujours beaucoup que le Gouvernement songe sérieusement à soulager les campagnes ; il ne manque donc plus que des moyens, & je vais en proposer.

Ne conseillons pas pour cela au Roi de descendre de son trône pour aller, avec une antique simplicité, parcourir son Royaume & devenir le spectateur de tant de maux en général, & de tant d'abus dans les administrations ; réservons ce voyage pour être fait après que le remede aura été appliqué à nos maux, ou à mesure des progrès successifs. Quelle plus grande volupté pourroit lui être jamais réservée, que d'aller considérer des Villes & des Provinces qu'il auroit rendues florissantes ; de voir l'aisance rappelée dans des Cités qui ne sont aujourd'hui que boue & que ruines ; d'abandonner au feu Roi, son bisaïeul, la gloire d'avoir construit de superbes jardins autour de ses palais, & de jouir de celle de n'avoir fait qu'un beau jardin de toute la France, de se dire à soi-même :

Par-tout, en ce moment, on me bénit, on m'aime......
Je vois par-tout voler les cœurs à mon passage !

Certes voilà une espéce de gloire, de triomphe qui honore autant que les autres, & pour laquelle la Nation entiere doit demander la préférence. On a souvent flatté certains Princes d'être les délices du genre humain : ce titre, ou le désir seulement de le mériter, les a fait plus vivre dans la mémoire des hommes, que les plus célebres conquêtes. Mais, à dire vrai, le Souverain s'est appliqué sérieusement à l'obtenir, ou en a connu les véritables moyens. Tant que les artisans du bonheur public seront tirés de la Cour pour seconder les Rois, la moindre atteinte à leur autorité les rendra d'abord ennemis de ce qui leur semblera y être contraire : ils adopteront une fausse théorie de l'impôt, & emploieront de mauvais moyens pour le percevoir.

Sous Louis XI on fit une ligue & une guerre qu'on osa qualifier du nom respectable du bien public; hélas ! il ne s'y agissoit d'autre chose au fond, que de rendre quelques grands Seigneurs plus puiſſans & & plus inſolens.

L'intérêt du Fiſc n'eſt que trop favoriſé par les gens de Cour à qui on le confie, ils y emploient le conſeil & la force ; mais pour l'intérêt du Peuple, il ne pourra jamais être connu ni ſoutenu que par le Peuple même.

On commence déjà à ſe convaincre dans le monde, que les richeſſes du Roi dépendent de l'abondance où ſeront ſes ſujets. On en cherche les moyens. On voudroit augmenter le commerce ; on écoute avec attention les nouveaux projets de finance qui préſentent des faces ſalutaires : on fait des Réglemens de Police ; mais peu réuſſiſſent, faute d'exécuteurs de la Loi.

Pour réuſſir dans ce que j'ai à propoſer, il ne ſuffit pas que l'autorité royale ſoit, comme elle eſt aujourd'hui, à l'abri de toute infraction ; il faut auſſi qu'on en ait la juſte opinion que l'on doit en avoir, qu'elle ne ſoit pas ſuſpecte au Peuple, & que l'on banniſſe ſur cela toute terreur panique & tout préjugé. On eſt déjà revenu en France d'une infinité de préventions contre cette autorité ; & c'étoit bien à tort qu'on lui supposoit une basse jalousie contre le bien-être du Peuple même.

On ne dit plus, comme autrefois, que le Paysan doit être accablé d'impôts pour être soumis, & qu'il faut appauvrir la Noblesse pour la rendre docile.

On commence à raisonner de finance avec plus de justesse, & on est moins la dupe de la charlatanerie des Traitans. Le Conseil sent le besoin qu'il y auroit de diminuer les impositions dans le Royaume ; & au contraire, à chaque bail des fermes générales, on voit naturellement augmenter le prix du traité. Cela vient de ce que les levées de la taille sont régies & forcées par des Officiers Royaux, au lieu que la plupart des droits de ferme sont volontaires, portent sur les consommations, & sont entrepris à forfait par des gens qui ont leur intérêt direct & personnel pour mobile. Ces droits affermés ayant été mis en régie, il y a quelques années, on eut lieu de reconnoître que ceux qui les régissoient pour le Roi y mettoient autant de dureté que de négligence, en comparaison de ceux qui les percevoient auparavant pour leur compte.

L'autorité royale fera toujours un grand profit, lorsqu'elle se débarrassera des soins frivoles qui ne font que la commettre vainement, qui coutent beaucoup au Tréfor royal, & qui rendent peu.

La gloire & les priviléges de la Noblesse font partie de la constitution du Royaume, cela n'est pas douteux ; mais quels font ces priviléges, voilà ce qui mérite examen. Le principal est de jouir d'une grande considération dans l'Etat, & d'y être honoré ; mais cet honneur est fubordonné à l'éclat des richesses, aux dignités qui font craindre, & au mérite personnel qui fait respecter ; & fans tous ces accessoires qu'on nomme illustrations, qu'est-ce donc que la Noblesse en elle-même ? que mérite-t-elle & qu'obtient-elle ?

Il n'existe en France presque aucun moyen à la Noblesse de recouvrer du bien quand elle l'a dissipé, sinon les méfalliances ou quelques emplois indignes d'elle. Voilà comment les hommes font ordinairement peu d'accord avec eux-mêmes.

Une des choses qui a le plus avili la Noblesse dans ces derniers temps, c'est de reconnoître deux classes féparées parmi elle, celle des gens établis assidument à la Cour par leurs Charges ou qui la fréquentent, & celle de la simple Noblesse qui se tient dans ses terres ou vit loin de la Cour. Il a passé & il est tout reçu en France à présent, que les honneurs de la guerre & les grades militaires sont accordés à ce qu'on nomme les Seigneurs, de préférence à la simple Noblesse, ce qui décourage les gens de guerre de profession, & donne de mauvais Officiers-Généraux à nos armées.

Cependant toute l'Aristocratie du Gouvernement François, & toute la part qu'y a la Noblesse, se réduisent au commandement des armées & au service militaire. Mais les affaires de la guerre ne donnent qu'une autorité passagere, & qui se borne à la durée de chaque campagne. Ajoutez à cela quelques distinctions brillantes, quelques Charges à la Cour, agréables par l'accès qu'elles procurent près de la personne du Prince, mais contre-balancées par la défiance que les Ministres lui donnent de ces courtisans ; des occasions de nuire plutôt que de servir, une suite continuelle d'intrigues & de vengeances, un vain éclat qui reluit au loin & qui ne soutient pas l'examen, un meilleur air & plus de goût dans les discours & dans les modes, de grandes terres titrées & négligées, des dettes & des injustices.

Toute l'autorité essentielle du Gouvernement a passé entre les mains de la Magistrature (*). Les fonctions des grands Officiers de la Couronne sont à présent confiées à *des Bourgeois* (**) *constitués en dignités amovibles, successeurs de ces Clercs sur qui les anciens Nobles se reposoient de la peine de savoir lire & écrire, & de demeurer dans les Villes, tandis qu'eux ou combattoient ou régnoient sur leurs Fiefs. Ces hommes nouveaux, accoutumés de jeunesse à toute la dureté de cœur nécessaire pour disposer froidement de la vie, des biens & de l'honneur des Citoyens, sous les titres ignobles de Secrétaires & de Contrôleurs* (***), *font à présent trembler les fils de leurs Maîtres ; ils les dégradent, & ils les envoient en prison ou en exil, suivant leur humeur ou leurs caprices.*

La Robe, destinée, à la vérité, au travail du cabinet, mais non pas précisément à l'Administration, a perdu, en par-

---

(*) L'Auteur écrivoit avant 1750.
(**) Expression de M. le Comte de Boulainvilliers.
(***) Toute cette tirade appartient à M. de Boulainvilliers.

venant au Miniftere, ou en cherchant à y parvenir, l'efprit de modeftie, de fa- geffe & d'application qui faifoit fon prin- cipal mérite ; elle tombe dans les mêmes abus qui ont arraché le Gouvernement des mains de la Nobleffe. L'hérédité s'ac- croît dans les premieres Magiftratures, les furvivances deviennent fréquentes dans les Charges les plus importantes de la plus importante Adminiftration. Ceux qui s'y trouvent placés, pour ainfi dire, par droit de naiffance, tombent dans une com- mode inaction, & fe font doubler par des fubalternes, qui eux-mêmes trop confi- dérés pour travailler, font faire leur ou- vrage par d'autres Commis inférieurs.

Enfin on s'eft accoutumé dans la Robe, comme dans la Nobleffe, à diftinguer en deux claffes les familles des Magiftrats. On rend à ceux de la premiere claffe des honneurs qu'on croit dus à la poffeffion de leurs dignités & aux anciens fervices de leurs peres, quoique les enfans né- gligent d'acquérir la même capacité ; les autres ne font traités que comme des hommes nouveaux dans l'ordre des Sé- nateurs.

Il faudroit donc encore inventer un troifieme ordre de gens qui travaillaffent par eux-mêmes, & qui ne fussent traités que selon leur réputation & leur mérite personnel.

On connoît toutes ces vérités ; mais cela suffit-il ? Le mal connu est plus près du remede ; il faut donc s'en occuper. Il est important qu'on se fixe à des principes qui ne varient plus.

On a vu par expérience ce qu'ont gagné l'autorité royale & le bonheur public, à la suppression des grands Fiefs & des Gouvernemens indépendans. De là cependant sont partis de nouveaux abus qui reviennent dans le même genre, mais moindres en eux-mêmes & plus faciles à corriger.

Encore une fois on reconnoît, on sent, on voudroit le bien. Quand la paix ramene au loisir, on cherche des perfections qu'on devine & qu'on ne peut encore annoncer. Mille nouveaux Réglemens de Police & de Commerce établissent les maximes de Démocratie que je demande ; mais la suite les dément par l'obstacle des préjugés, & par des abus contraires à l'exécution de cette idée. On ne va pas chercher les abus dans leurs sources : on charge, par exemple, tous les jours les Maires & les Syndics des Bourgs & des Villages des soins de Police

& de Finance, auxquels ils ne peuvent répondre, faute de liberté, d'autorisation & de salaire. Quelques Provinces de France nous offrent en même temps l'image & nous donnent quelque idée de l'utile Gouvernement que je vais proposer : on les connoît sous la dénomination générale de Pays d'Etats ; mais remarquons que plus les assemblées sont petites & syncopées, mieux elles sont gouvernées & hors des atteintes de la résistance ou de la révolte. Tels sont les Colléges de la Flandre maritime, les différens petits Pays que l'on trouve le long des Pyrénées, & principalement les Communautés de Provence. Ces dernieres, avec les Vigueries, se gouvernent intérieurement avec succès, & s'assemblent une fois par an, pour se concerter & pour obéir aux demandes générales du Roi.

Voyons donc comment on pourroit établir & éclaircir des principes conformes aux idées dont je viens de présenter seulement le germe.

CHAPITRE VII.

Plan d'une nouvelle Administration proposée pour la France.

UNE *Foi*, un *Roi*, une *Loi*. Il y a long-temps que l'on a dit & écrit que ces trois mots étoient la base fondamentale de tout bon Gouvernement : mais a-t-on bien compris en quoi consistent les principes qui en résultent, & qui doivent assurer la paix, la gloire & le bonheur d'un Etat ? Voici comme je les entends.

Il ne faut qu'une Foi, c'est-à-dire, qu'une Religion dans un Etat, mais il en faut une. Pour nous en convaincre, considérons que, sur un million d'ames, il y en a neuf cent quatre-vingt-dix-neuf mille dont la morale n'est fondée que sur la Religion ; encore ne sais-je si les mille autres doivent assez solidement compter sur leur philosophie, pour ne pas éprouver que, dans les grandes occasions, la philosophie seule & dénuée de motifs surnaturels, n'oppose pas une barriere suffisante à la fougue des passions.

Il faut que la Religion foit pure, que ceux qui la prêchent foient ennemis de la perfécution, & qu'ils choififlent de préférence les moyens les plus doux pour la perfuader, la faire aimer & refpecter ; qu'ils la préfentent toujours comme un encouragement à la pratique des vertus morales, & qu'ils évitent la baffe & ridicule fuperftition qui la rendroit méprifable. Si l'on y admet de l'enthoufiafme, qu'il foit noble & élevé, qu'on fente que fa fource eft divine, en en jugeant par fes effets. Dût-on, en matiere de Religion, éprouver quelques-uns des inconvéniens attachés à l'humanité (car enfin fi la Religion eft divine, fes Miniftres font des hommes), on court le plus grand de tous les dangers à montrer de l'indifférence fur cet objet effentiel. Il vaudroit mieux, pour un Souverain, changer la Religion établie dans fes Etats, s'il étoit bien perfuadé qu'elle eft contraire à la bonne morale, & s'il pouvoit faire ce changement fans occafionner de grands troubles, que d'annoncer que toute façon de penfer fur cette importante matiere lui eft indifférente. En effet, puifque (comme nous venons de le dire) la morale de la plupart des gens eft fondée fur le dogme, il faut établir irrévocablement celui-ci pour consacrer celle-là, plaindre ceux qui s'écartent des principes de la Religion dominante, sans les tourmenter; mais se bien garder de les encourager, ni de les entretenir dans leurs erreurs; éviter sur-tout qu'ils ne fassent des prosélytes, puisque ce seroit augmenter les disparates avec la façon de penser du Souverain, & même fomenter des troubles. Mais ce n'est pas sur ce point, quoique le premier de tous, que je veux m'étendre davantage en formant le plan annoncé à la tête de ce Chapitre. Passons au second.

Il ne faut qu'*un Roi* dans un État, parce que dans tout État il faut une autorité, & qu'elle ne peut être trop simple dans son principe & trop étendue dans ses effets, pourvu que ce soit à l'avantage du Public & de la Nation. On doit prendre les mêmes précautions pour le maintien de l'autorité royale, que pour celui de la Religion : si dans celle-ci il faut éviter le fanatisme & la persécution, la Monarchie doit également se défendre de la tyrannie du despotisme & de l'injustice ; mais ces excès ne sont pas plus dans la nature de la Monarchie, que le fanatifme & la fuperftition dans celle de la Religion. Au contraire, il eft auffi naturel aux Rois de rendre leurs Peuples heureux, qu'il eft de l'effence de la juftice & de la bonté innée du Créateur de conferver le Monde qu'il a formé, & d'y tout régler pour le mieux ; plus l'intérêt eft concentré, plus il eft grand : un feul Monarque qui réunit en lui l'intérêt de toute une Nation, doit en être pénétré, & le regarder comme fon bien propre, capital, effentiel, fans lequel il ne peut fe flatter, ni d'être obéi, ni d'être heureux.

La Loi du Roi & de la Nation eft tout entiere renfermée dans ces cinq mots latins, *falus Populi, fuprema Lex efto*, que le bien public foit la fuprême Loi. C'eft cette Loi qu'il eft queftion de faire connoître. Je vais tâcher de montrer comment elle doit être fuivie dans une *Monarchie* bien réglée, à l'aide d'une *Démocratie* bien entendue, qui n'ôte rien à l'autorité. Voici comment je voudrois que fût rédigé un premier Réglement fait dans cet efprit, & fufceptible d'être fuivi par une multitude d'autres qui en contiendroient les développemens.

LOUIS, par la grace de Dieu, Roi de France, &c. L'autorité que nous tenons de Dieu seul, & qui s'étend sur tous les Peuples soumis à notre domination, ne nous ayant été confiée, de quelque maniere que nous l'ayons acquise, soit par droit de conquête, ou par succession héréditaire, que pour faire leur bonheur, nous désirons qu'ils concourent avec nous, pour parvenir à un but aussi salutaire ; nous voulons les faire participer à une sage administration de nos biens & revenus, & des finances que nous ne prétendons employer que pour leurs avantages & la gloire de notre Nation. Notre intention est de leur donner également part au maintien de la plus parfaite Police & au soin de la Justice ; autant cependant que ces libertés, dont ils seront redevables à nos bontés & à notre tendresse pour eux, feront compatibles avec le maintien de notre autorité, & le droit de faire & d'abroger les Loix qui nous appartient éminemment : nous consentons à n'user de celui-ci, qu'après avoir mûrement réfléchi & délibéré sur l'intérêt de nos Peuples & de nos Provinces. Nous voulons que notre autorité soit toujours décisive, mais toujours éclairée ; que l'administration de chacune de nos Provinces soit remise entre les mains de ses habitans, mais toujours surveillée par nous ou en notre nom : A ces causes, & par ces considérations, nous avons ordonné, &c.

ARTICLE PREMIER.

Notre Royaume continuera d'être divisé par Provinces, sous le titre de grands Gouvernemens, de Généralités, ou sous quelque autre dénomination que ce soit, mais sans que les titres que porteront ces Provinces puissent jamais servir de prétexte à renouveler les droits éteints depuis si long-temps des anciens Feudataires de notre Couronne ; à plus forte raison les prétentions des Puissances étrangeres sur lesquelles nous les aurions conquises.

Nous ne voulons ni n'entendons attribuer à aucune de nos Provinces plus de priviléges qu'aux autres, mais les laisser toutes jouir, par rapport à leur administration intérieure, d'une liberté dont nulle d'entre elles n'a joui jusqu'à ce jour ; par conséquent les plus privilégiées y trouveront de l'avantage, & nous aurons la satisfaction d'avoir établi par tout notre Royaume une administration uniforme, ne laissant subsister entre les Provinces qui le composent, d'autre différence que celle nécessairement attachée à l'étendue de chacune, à la fertilité de son sol, à sa population & à son commerce. Nous ne voulons point qu'aucune Terre puisse être dispensée de contribuer, comme les autres, aux impositions réelles & foncieres qui auront lieu pour toute l'étendue de notre domination, & que la Noblesse, quelque ancienne qu'elle soit, ni aucun emploi, charge ni dignité, soit un titre pour dispenser nos sujets de payer les impositions réelles personnelles.

Article II.

Chaque Province continuera d'être subdivisée en Districts plus ou moins étendus, à peu près comme elle l'étoit ci-devant, sous les différens noms de Dioceses, Bailliages, Sénéchaussées, Gouvernances, Vigueries, Elections, Subdélégations, usités dans les différens Pays de notre domination. Ces Districts continueront même de porter les titres honorables de Comté, Marquisat, Vicomté, Baronnie, qui leur ont été anciennement attribués, mais sans que l'on puisse induire de tous ces titres aucune supériorité ni assujettissement d'une terre à l'autre, capable de gêner les administrations qui seront établies dans chacun de ces Districts & leurs subdivisions.

ARTICLE III.

Chaque District sera encore subdivisé en Villes, Bourgs, Paroisses ou arrondissemens composés de plusieurs Villages, & chacune de ces subdivisions aura ses Administrateurs particuliers, chargés de veiller à la répartition exacte des impositions sur tous les habitans, dans la plus juste proportion de leur possession & de leurs fortunes ; ces Administrateurs seront tenus en même temps de tenir la main à l'exécution des Réglemens de Police qui intéresseront le bon ordre, la population & le commerce de leur territoire ; pour cet effet, ils seront toujours choisis parmi les habitans domiciliés & possessionnés dans le lieu même, à la pluralité des voix & par voie de scrutin. L'Assemblée dans laquelle ils seront élus, se tiendra tous les ans à jour convenu, & les Administrateurs pourront être changés ou continués en tout ou en partie : il y en aura au moins deux par chaque Paroisse ou arrondissement, un peu plus dans les Bourgs, & un nombre plus considérable dans les Villes, où ils formeront un Corps & Conseil Municipal.

Article IV.

Pour faciliter les opérations de ces Administrateurs, il sera incessamment travaillé à un Cadastre ou Tableau exact de toutes les terres contenues dans chaque District & dans ses subdivisions, de la valeur & du produit de chaque terre, & de la fortune actuelle de ceux qui l'habitent. Ce Tableau servira de base ou de regle pour les impositions de tous genres, sur quelque pied qu'elles soient réglées, soit par nous-mêmes en notre Conseil, soit par les Etats de la Province, & quelque objet qu'elles aient, soit pour subvenir aux dépenses générales du Royaume, soit qu'elles regardent les besoins ou les avantages particuliers de la Province. Ce sera d'après ce travail que les répartitions seront faites, & que le montant des impositions sera perçu & porté annuellement à la caisse de chaque District, avec les observations convenables sur les changemens qui pourront survenir d'une année à l'autre.

ARTICLE V.

Il se tiendra tous les ans dans chaque District une assemblée, à laquelle assisteront, 1°. les Administrateurs de la Ville principale du District, 2°. un Député de chacun des Bourgs, & 3°. à tour de rôle, un certain nombre d'Administrateurs des Paroisses & arrondissemens. Cette assemblée sera préparatoire à celle des Etats Provinciaux, & l'on y choisira les Députés qui se rendront à celle-ci dans un moindre nombre que ceux composant l'assemblée du District.

Les Possesseurs des terres considérables de chaque District pourront assister à cette assemblée, soit en personne, soit par leurs représentans.

Les Contribuables remettront ou feront remettre à la caisse du District leur contingent des impositions, conformément au Tableau ou Cadastre; porteront à l'assemblée leurs représentations, s'ils sont dans le cas d'en faire, & auront voix délibérative pour tout ce qui concernera le District; mais aucun des Propriétaires ou Députés n'aura de prépondérance dans les délibérations.

Le temps de la durée de l'assemblée de chaque District sera de quinze jours.

Article VI.

Nous accordons à chacune des Provinces de notre Royaume l'honneur & l'avantage d'avoir des Etats Provinciaux, lesquels s'assembleront tous les ans à la fin du mois de Novembre, continueront leurs séances pendant tout celui de Décembre, & se sépareront au commencement du mois de Janvier suivant : ils seront composés d'un certain nombre de Députés de chaque District, pris dans les assemblées particulieres de ceux-ci. Il n'y aura de Membres perpétuels de ces Etats, que deux Députés du Corps Municipal de la Ville où ils se tiendront, un de la Ville principale de chaque District, & quelques Propriétaires de grandes terres, auxquels le droit d'assistance perpétuelle aux Etats sera accordé en considération de la dignité ou de l'étendue de leurs possessions dans la Province dont ils seront regardés comme les Pairs ; mais leur voix ne sera comptée que comme celle des autres, sans aucune prépondérance. Les autres Membres des Etats seront choisis, ainsi que nous l'avons dit, dans chaque District.

Article VII.

Notre intention est de faire des Réglemens détaillés, concernant la composition des Etats Provinciaux & des Assemblées de Districts, la forme dans laquelle ils doivent se tenir, la maniere d'y opiner, les matieres qui y seront traitées ; quelles seront celles absolument soumises aux Etats, dans quel cas il leur sera permis de nous faire des représentations, & comment on devra y recueillir les voix, soit par la voie du scrutin, ou en prenant tout haut celles de chaque Membre des Etats.

Cependant nous déclarons dès à présent, que notre volonté est que la constitution des Etats Provinciaux soit uniforme par tout notre Royaume, & qu'aucun District ne puisse y dominer sur un autre : entendons au contraire qu'il y regne une parfaite égalité, afin que tout y concoure également aux intérêts de la Province. Pour cet effet, nous ne voulons pas que la Noblesse fasse un corps à part dans lesdits Etats, ni qu'aucun Gentilhomme, quelle que soit son extraction, y entre, s'il n'a des possessions qui lient étroitement ses intérêts avec ceux de la Province, & qui l'obligent à en supporter les charges, ou qu'il ne soit Député de quelque District.

Nous accordons néanmoins aux Possesseurs des grandes terres, qui seront qualifiés Pairs de la Province, des séances honorables : nous voulons qu'ils soient assis sur des siéges plus élevés que ceux des autres Membres des Etats, & que le Député chargé de recueillir les voix, les leur demande avec des marques de considération & de respect, sur-tout s'ils sont personnellement revêtus de hautes dignités, ou parvenus à des grades considérables. Ils pourront être représentés, en cas d'absence, par des Substituts chargés de leur procuration; mais ni ceux-ci, ni eux-mêmes n'auront que les voix attachées à leurs possessions, & proportionnées à la quotité des impositions qu'ils devront supporter. Nous aurons nous-mêmes, pour les terres dont nous conserverons le domaine utile, des Représentans qui seront tout-à-fait distincts de nos Commissaires, dont les fonctions se borneront à opiner comme Membres des Etats, & dont la voix ne sera comptée, dans les délibérations générales, que comme celle des autres Propriétaires ; nous fondant sur ce principe incontestable, que l'autorité sur nos Provinces reste tout entiere entre nos mains ; que nous ne confions aux Etats que la seule administration, c'est-à-dire, l'exécution de nos ordres, la répartition juste & exacte des charges que nous croyons utiles & nécessaires d'imposer, le droit de nous éclairer sur les besoins de chaque Province, & sur les mesures à prendre pour en augmenter la population & le commerce, & la liberté de nous représenter les abus que pourroient faire de nos ordres ceux qui les reçoivent immédiatement de nous.

Article VIII.

A chacun des Etats Provinciaux seront attachés trois premiers Officiers, élus au scrutin par l'Assemblée, amovibles & même destituables dans les cas où ils seroient convaincus de fautes graves. Ces Officiers n'auront point voix délibérative, mais ils seront de droit préposés à la poursuite de toutes les affaires

Le premier, sous le titre de Syndic général, sera vraiment le modérateur de l'Assemblée, chargé de faire les propositions, & de mettre sur le tapis les affaires sur lesquelles les Etats auront à délibérer, & de réunir les voix, de quelque maniere qu'elles se donnent, ou hautement, ou par voie de scrutin ; il déclarera l'avis qui a prévalu, maintiendra la paix & le bon ordre dans l'Assemblée, & fera exécuter les Réglemens arrêtés pour l'intérieur des Etats.

Le second Officier, sous le nom de Secrétaire général, rédigera, par écrit, les délibérations, & rendra compte à l'Assemblée de cette rédaction, pour qu'elle juge elle-même s'il en a bien saisi l'esprit conformément au vœu ou aux ordres de l'Assemblée ; il dressera les lettres qu'elle écrira en corps, & les signera. Il aura sous lui plusieurs Secrétaires, qu'il sera maître de choisir, & dont il répondra : ceux-ci composeront ses Bureaux, & seront attachés aux différentes Commissions que les Etats formeront suivant les circonstances ; ils en rédigeront les Mémoires, & seront chargés de conserver en bon ordre les dépôts & registres des délibérations, les pieces qui y auront rapport, le Greffe, & enfin les archives des Etats.

Le troisieme Officier des Etats sera le Trésorier général : celui-ci touchera de chaque Receveur particulier le montant des impositions de son District, fera passer au Trésor royal la partie de ces impositions qui devra y être versée pour contribuer aux dépenses générales du Royaume, conservera entre ses mains la portion destinée à subvenir aux besoins de la Province, & à procurer des avantages à ses habitans, l'emploiera conformément aux ordres des Commissaires des Etats, sera comptable à nos Ministres des Finances de la recette & de la dépense du premier genre, & aux Etats & à ses Commissaires de celles de la seconde espece.

Dans chaque assemblée de District, il y aura de même un Syndic, un Secrétaire & un Receveur, qui exerceront les mêmes fonctions, & seront également responsables de leur gestion.

En général, les Syndics seront les Orateurs des Etats & des Assemblées ; les Secrétaires rédigeront & signeront tout ce qui devra être mis par écrit, & les Trésoriers & les Receveurs seront comptables.

ARITCLE IX.

L'ouverture de chaque tenue des Etats Provinciaux se fera par les Commissaires que nous nous proposons de nommer pour chacune de ces assemblées, & nous sommes disposés à y envoyer toujours quatre personnes revêtues de ce caractere. Nous choisirons le premier parmi les Militaires d'un rang & d'un grade distingués, & nous lui donnerons le commandement des troupes de la Province ; le second, parmi ceux de notre Conseil, dont l'âge, l'expérience & le rang assureront la capacité : les deux derniers seront chacun de l'ordre des deux premiers, mais d'un rang & d'un grade inférieurs.

Les Commissaires ayant été reçus avec les honneurs dus à leur caractere, exposeront aux Etats quelles sont nos intentions ; ils leur diront à combien monte la part des charges générales du Royaume que la Province doit supporter, & pour laquelle elle est comprise dans l'état général des impositions, réglé & arrêté par nous dans notre Conseil. Lorsque ces impositions seront plus considérables qu'elles ne l'étoient les années précédentes, ils en expliqueront les motifs, afin que nos Peuples soient parfaitement instruits des raisons qui nous déterminent à imposer de nouvelles charges : mais d'ailleurs il ne sera pas à l'option des Etats d'accorder ou de refuser, de restreindre ou de modifier

modifier les charges qui leur seront imposées.

Nous proscrivons à jamais le mot & l'idée de don gratuit, étant convaincus qu'aucune de nos Provinces, ni même aucun de nos sujets, ne peut ni ne doit refuser de contribuer aux charges générales de l'Etat ; que notre intérêt & celui de nos Peuples, sont communs & si bien identifiés, que nous ne devons rien exiger que nos Peuples puissent légitimement nous refuser, & que réciproquement ils ne peuvent se refuser à rien de ce que nous sommes forcés d'exiger d'eux. Cependant nous n'empêcherons pas qu'après avoir reçu nos ordres avec soumission, les Etats ne nous fassent des représentations, s'ils les croient justes & bien fondées : nous les recevrons toujours avec bonté, & nous nous ferons un devoir d'y répondre article par article. Lorsque les Etats croiront être dans ce cas, après avoir réparti entre les différens Districts les sommes qu'ils seront obligés d'imposer, ils nommeront des Commissaires pour rédiger leurs représentations, & elles nous seront portées par les Députés choisis à la fin des Etats pour se rendre près de nous.

Ce premier objet étant rempli, nos Commissaires notifieront aux Etats nos intentions concernant les différens Réglemens de Police, de Commerce, d'Administration Civile & Militaire qui pourront intéresser la Province, soit que les arrangemens que nous jugerons à propos de faire à cet égard, s'étendent sur la totalité ou sur une partie considérable de notre Royaume, ou qu'ils se bornent à la Province seule dont les Etats seront assemblés. Dans tous les cas, nous admettrons les représentations qui pourroient nous être faites; mais l'exécution de nos Ordonnances & Réglemens ne pourra être suspendue qu'autant que la forme dans laquelle ils auroient été expédiés, ne seroit pas impérative & absolue; donnant d'ailleurs notre parole sacrée de n'employer cette forme que lorsque le bien général de notre Etat l'exigera absolument.

Article X.

Lorsque les Etats de nos Provinces se seront suffisamment occupés de l'exécution de nos ordres, ils pourront donner toute leur attention aux objets qu'ils voudront nous proposer, & qu'ils croiront

sur le Gouvernement de France. 111

avantageux. Après en avoir conféré avec nos Commissaires, ils chargeront leurs Députés de solliciter auprès de nous les Réglemens, qui ne pourront se faire ni s'exécuter que de notre aveu & avec le concours de notre autorité. D'ailleurs ils feront tous les autres arrangemens dont ils seront d'accord entre eux, & dans lesquels notre intervention ne sera pas nécessaire ; notre intention est que nos Commissaires, Juges, Commandans & Officiers les secondent dans tout ce qui sera généralement reconnu pour convenable & utile, ou qui ne sera que l'exécution des Réglemens approuvés par nous.

ARTICLE XI.

Dans les dernieres séances de la tenue des Etats, il sera choisi un certain nombre de Membres de ces mêmes Etats, pour composer une Commission intermédiaire, qui, pendant l'espace d'une tenue d'Etats à l'autre, s'occupera de la suite & de l'exécution de tous les objets décidés ou traités durant le temps que les Etats auront duré. Cette Commission sera composée d'un Député de chaque District, & des trois Officiers principaux. Elle restera toujours assemblée dans la

O ij

même Ville où se seront tenus les Etats, & entretiendra une correspondance suivie avec les Administrateurs & Officiers de chaque District, & les Députés des Etats à la Cour. Ceux-ci seront aussi nommés à la fin de chaque tenue d'Etats, à la pluralité des voix prises par forme de scrutin. Ils seront au nombre de quatre, choisis entre tous les Députés qui composeront l'assemblée.

Les Membres de la Commission intermédiaire & les Députés ne seront point remplacés, pour les Etats suivans, dans les Districts dont ils seront Députés; mais ils rentreront aux Etats, pour y rendre compte des affaires dont ils se seront occupés pendant le cours de leur Commission.

Les Députés qui ne seront point Membres de la Commission intermédiaire, ni envoyés à la Cour, retourneront, après la séparation des Etats, chacun dans leurs Districts, & ils y rendront compte des résolutions prises dans les Etats. Quelques-uns d'eux resteront dans la Ville principale du District avec le Syndic & le Secrétaire, & composeront une espece de Commission intermédiaire jusqu'à l'époque de l'assemblée suivante.

ARTICLE XII.

Nos deux principaux Commissaires choisiront pour chaque District, & même pour tous les différens lieux & postes où ils jugeront convenable d'en établir, des Commandans particuliers, qui seront subordonnés au premier Commissaire, ou des Subdélégués, qui dépendront du second : ils seront chargés de faire vivre les troupes en bonne discipline, de maintenir les Ordonnances & Réglemens dont l'exécution leur sera recommandée par leurs Supérieurs, & de rendre compte d'ailleurs de tout ce qui se passera ; mais ils ne pourront faire de nouveaux Réglemens, donner en leur nom aucun ordre, ni employer la force contre les habitans & domiciliés, à moins que ce ne soit dans les cas les plus urgens, avec obligation d'en rendre compte sur le champ aux principaux Commissaires auxquels ils doivent ressortir, & à la volonté desquels ils seront révocables, à moins qu'ils n'aient des Commissions émanées de nous-mêmes.

Nos Commissaires même seront amovibles à notre volonté : leurs fonctions seront plus ou moins étendues ou prolongées, suivant que le bien de notre service l'exigera. Nous nous réservons à nous seuls de juger des honneurs & récompenses qu'ils auront pu mériter après les avoir exercées, & de régler le traitement dont ils devront jouir pendant qu'ils les exerceront. Nous ne voulons point que la Province dans laquelle ils seront envoyés, soit chargée de payer ce traitement, mais qu'il soit pris sur la masse des dépenses générales de notre Royaume. Nous leur défendons expressément, ainsi qu'aux Commandans particuliers & aux Subdélégués, de recevoir aucuns gages, aucunes pensions, ni de tirer aucuns émolumens des Etats, des Villes & des Peuples avec lesquels ils seroient en relation pour le fait de notre service ; mais, au contraire, les gages, appointemens & émolumens des Officiers des Etats, les frais de voyages des Députés & Commissaires de ces mêmes Officiers, tant dans l'intérieur de la Province qu'au dehors, seront entiérement à sa charge.

Article XIII.

Les frais de perception des impositions de toute nature mises sur la Province, seront aussi à sa charge, & les sommes nécessaires pour subvenir à ces frais seront ajoutées à la somme principale, dont le montant, sans aucune déduction ni retenue, sera versé dans notre Trésor par le Trésorier de la Province. Ce sera aux Etats Provinciaux & aux Assemblées des Districts à faire cette perception à moins de frais possibles, & de la maniere la moins désagréable au Peuple. De même toutes les dépenses, dont l'objet sera circonscrit dans l'intérieur de la Province, seront entiérement abandonnées aux soins des Etats, qui tireront eux-mêmes des habitans les fonds nécessaires pour y pourvoir, veilleront à l'emploi qui en sera fait, feront & régleront les devis & marchés, nommeront ceux chargés d'inspecter les travaux publics, & de répondre de leur parfaite exécution, &c. &c.

ARTICLE XIV.

Conséquemment à ce que nous venons de régler, les Trésoriers de chaque Province seront comptables à deux Tribunaux de Finances différens : savoir, à notre Conseil Royal des Finances & à notre Chambre des Comptes de Paris, du produit net de la recette entiere des impositions générales, mises par notre autorité sur la Province. Leur dépense relativement à ce grand objet de recette, sera justifiée par des récépissés du Trésor Royal, dont le montant devra être égal à leur recette. Mais pour tous les objets ordonnés par la Province même, ils auront pour Juges de leur gestion, les Etats, qui seront à portée de bien connoître les difficultés qu'ils auront trouvées dans leur recette, & la légitimité des pieces qu'ils produiront pour justifier leur dépense. Une partie de la Commission intermédiaire examinera leurs comptes pendant le courant de l'année qui suivra celle où les sommes auront été vraiment dépensées, & le compte sera arrêté par les Etats un an au plus tard après les dépenses faites.

Article XV.

Les établissemens qui doivent être faits en vertu des articles ci-dessus, rendant inutiles un grand nombre de Charges, & même l'existence de plusieurs Compagnies entieres, nous nous proposons de les supprimer, & d'en rembourser les finances par des moyens moins onéreux au Peuple que la conservation de ces Charges : ainsi nous supprimerons, 1°. les

Receveurs généraux de nos Finances dans toutes nos Provinces, & les Receveurs des Tailles ; les Tréforiers généraux & les Receveurs des Districts devant en tenir lieu : 2°. les Receveurs généraux des Domaines & Bois, ainfi que tous nos Officiers des Eaux & Forêts ; les Etats de chaque Province pouvant fe charger de faire exécuter les Réglemens déjà faits, ou qui pourront encore l'être, touchant la confervation & la police des bois. Il en fera de même des Tréforiers des Ponts & Chauffées, & de tous les Employés à la conftruction des grands chemins & des bâtimens publics, foit qu'ils foient en Charges ou en Commiffions ; les Adminiftrations Provinciales pouvant fe charger, chacune dans fon Diftrict, des frais & de l'exécution de ces fortes d'ouvrages : ainfi nous ferons rayer tous ces articles de la lifte de nos dépenfes générales.

Les Aides & Gabelles, Traites & autres droits des Fermes devant être dorénavant perçus fous l'infpection & direction des Adminiftrations Provinciales, & les Employés pour cette recette devant être les mêmes que ceux des autres impofitions, nous pouvons regarder leurs appointemens & émolumens comme superflus & épargnés.

Nous nous proposons également de supprimer, 1°. les Trésoriers de France; des Commissaires tirés des Etats Provinciaux devant en remplir toutes les fonctions : 2°. Les Chambres des Comptes de Province, en ne conservant que celle de Paris, chargée de la vérification des comptes du Trésor Royal : 3°. Les Cours des Aides & les Elections; les Commissaires des Etats Provinciaux, & ceux des Assemblées des Districts pouvant suffire à la décision de la plupart des affaires qui se portoient devant ces Tribunaux & les terminer à moins de frais : mais lorsque les questions seront assez importantes pour exiger de véritables procédures, il faudra les suivre par-devant nos Juges Royaux, & par appel au Parlement.

Article XVI.

Les places & titres de Gouverneurs & Lieutenans - Généraux, & à plus forte raison Lieutenans de Roi de nos Provinces, seront supprimés; & remplacés par nos premiers Commissaires aux Etats qui seront Commandans du Militaire :

s'il a été accordé pour ces places supprimées des brevets de retenue, nous pourvoirons à leur remboursement. Les Gouverneurs particuliers des Villes seront aussi supprimés & remplacés, où il sera jugé nécessaire, par des Commandans résidens & toujours amovibles.

Enfin les Baillis d'Epée n'ayant plus qu'un vain titre & des prétentions ou inutiles ou embarrassantes, nous les supprimerons pareillement, & nous changerons le titre de Lieutenant que portent les principaux Juges des Bailliages.

Article XVII.

S'il s'élève dans l'intérieur de quelque District des difficultés entre les différens Territoires, Paroisses, Villes ou Bourgs, pour leur administration concernant l'étendue de leurs limites ou celle de leurs pouvoirs, l'Assemblée du District cherchera d'abord à les concilier; si elle n'en peut venir à bout, la question sera proposée aux Etats Provinciaux; & si ceux-ci ne sont pas parfaitement d'accord, ou éprouvent quelque résistance de la part des Parties intéressées, l'affaire sera portée à notre Conseil, qui la décidera, soit par un Arrêt, foit par un Réglement. De même, s'il s'éleve des queftions entre les différentes Provinces, & que des Commiffaires nommés par elles ne puiffent les concilier, nous nous en ferons rendre compte dans notre Confeil, & nous en déciderons fouverainement.

Article XVIII.

En confiant aux Peuples de nos Provinces la perception & l'adminiftration des fommes que nous fommes obligés d'exiger d'eux pour fatisfaire aux charges de l'Etat, & en nous en rapportant à eux fur la plupart des détails de Police, nous n'entendons point leur abandonner le foin de rendre la juftice, qui nous appartient éminemment, comme étant le feul Légiflateur & le premier Magiftrat de notre Royaume; nous voulons qu'elle continue à être exercée en notre nom & par nos Officiers.

Pour le bien & l'avantage de nos fujets, nous fupprimerons toutes les Hautes-Juftices Seigneuriales, & nous prendrons les mefures néceffaires pour que, dans tous les Pays de notre domination, la Juftice civile & criminelle foit rendue uniformément & graduellement, en observant le même ordre judiciaire déjà établi, ou en se conformant aux changemens que nous jugerons à propos d'y faire; de sorte que les appels continuent d'avoir lieu des Justices inférieures aux Justices supérieures royales, & de celles-ci à nos Cours de Parlement. Comme les Hautes-Justices n'étoient véritablement qu'une charge imposée aux Seigneurs, & que les frais dont ils seront dispensés retomberont à la charge de nos Domaines & Finances, nous ne croyons leur devoir à cet égard aucun dédommagement, à moins qu'ils n'aient des titres ou des raisons particulieres qu'il leur sera permis de nous exposer, & auxquels nous aurons les égards convenables.

ARTICLE XIX.

En conséquence, lorsque, dans un fait relatif aux Finances ou à la Police, il se trouvera qu'il a été commis quelque délit grave, & qui méritera d'être suivi conformément à nos Ordonnances & aux regles de la procédure civile ou criminelle, les Administrateurs ou Magistrats Populaires les dénonceront à nos Procureurs ou à nos Juges, qui seront obligés de poursuivre les délinquans dans les vingt-quatre heures, ne laissant aux Magistrats Populaires d'autre droit que celui d'arrêter les contrevenans pris en flagrant délit, ou de les condamner à des amendes légeres, qui seront fixées par des Réglemens approuvés par nous, suivant les différens cas & délits. Nous laisserons cependant subsister dans toute leur étendue les Jurisdictions attribuées aux Corps Municipaux, Maires & Echevins des Villes: ils continueront d'exercer les fonctions de Juges, & sur-tout celles de Lieutenans-Généraux de Police, lorsqu'elles auront été réunies à leurs Corps. Nous n'entendons pas non plus supprimer les Jurisdictions Consulaires, ni les contraintes par corps qui résultent des Sentences rendues par ces Jurisdictions, attendu que comme elles sont de convention, & qu'aucun n'y est assujetti qu'autant qu'il s'y soumet volontairement, dans ce cas il est jugé par ses Pairs, puisqu'il a reconnu la Jurisdiction des Commerçans.

ARTICLE XX.

Nous ferons de nouveau examiner avec la plus scrupuleuse attention toutes les Loix en usage & en vigueur dans notre Royaume, soit qu'étant générales, elles obligent également tous nos sujets, & que nos Juges soient astreints à s'y conformer, soit que sous le nom de Coutumes & usages locaux, elles soient particulieres à certaines de nos Provinces, à quelques Villes & lieux, ou à différentes classes ou ordres de Citoyens, ou que sous celui de Réglemens, elles ne concernent que diverses Compagnies & Communautés, & quelques Tribunaux particuliers. Si, ce que nous ne présumons pas, nous découvrions que quelques-unes de ces Loix fussent contraires à l'équité naturelle, au bon ordre & aux bonnes mœurs, nous les abrogerions & les changerions ; mais, à cela près, nous laisserons subsister les dispositions & usages reçus & établis dans les différentes Provinces, Districts & Tribunaux : persuadés qu'il ne faut pas faire perdre, sans une véritable nécessité, les habitudes anciennement contractées, & qui sont compatibles avec le maintien de la tranquillité des familles & de la bonne police ; que la variété des Coutumes concernant les héritages & la disposition des biens, apporte de la facilité au commerce des terres & aux alliances des familles entre elles. Il en sera de même des droits & redevances attribués à certaines terres ou à certains Seigneurs; nous nous proposons de ne supprimer & changer que ceux qui nous paroîtront ou injustes ou trop gênans.

Article XXI.

Afin que toutes ces Loix, qui doivent servir de base pour l'administration de la Justice de notre Royaume, ne soient établies qu'en parfaite connoissance de cause, nous nous proposons d'en soumettre les projets à l'examen, 1°. d'un certain nombre de Magistrats éclairés & de Membres expérimentés de notre Conseil, qui en discuteront les articles les uns après les autres, & feront leurs observations sur les inconvéniens ou les avantages qu'ils trouveront à leur conservation ou à leur réformation. 2°. Chaque nouvelle Loi étant rédigée, sera de nouveau soumise à l'examen de nos Cours & Compagnies entieres. Nous trouvons juste que chacun de leurs Membres étant notre Conseiller, puisse donner son avis sur des objets aussi importans. Il sera, pour cet effet, fixé un délai convenable; mais leurs observations ayant été reçues & de nouveau examinées dans notre Conseil, les

Loix

Loix seront définitivement promulguées par nous dans une forme impérative, qui exigera un prompt enregistrement & une parfaite exécution.

Toutes les fois que nous & nos successeurs jugerons nécessaire de faire quelque changement aux Loix déjà reçues, on y procédera dans la même forme.

Comme il y a un grand nombre de Réglemens mixtes qui n'intéressent pas uniquement l'Administration, mais qui doivent être connus des Cours de Justice & des Tribunaux, la même forme sera observée pour leur enregistrement ; mais les observations de nos Magistrats ne pourront porter que sur ce qui les concerne.

Article XXII.

En attendant que les changemens que nous nous proposons de faire dans les Loix & Ordonnances aient été faits, celles de notre Royaume qui subsistent continueront d'être exactement observées ; l'exercice de la Justice & l'ordre judiciaire ne devant point être interrompus, ni nos Juges être un seul moment sans avoir des principes sûrs & des regles de leur conduite. Le ressort de nos Cours de Parlement, leurs attributions, la forme de nos différentes Compagnies subsisteront également, jusqu'à ce que les réunions & suppressions que nous nous proposons de faire, aient eu leur entier effet. Cependant nous déclarons dès à présent que notre intention est de supprimer par tout le Royaume la vénalité des Charges de Judicature. La finance de chacune d'entre elles sera liquidée & remboursée successivement. En attendant, les rentes de ces différentes finances seront exactement payées sur le pied du denier courant, & seront héréditaires, transmissibles & commerçables par les héritiers & créanciers de celui qui possédera l'Office au moment que le remboursement aura été ordonné. Néanmoins, si cet Office est du nombre de ceux que nous croirons utiles au bien de notre Etat de conserver, celui qui s'en trouvera pourvu n'en sera pas dépouillé, il continuera d'en exercer les fonctions, & de jouir des honneurs & prérogatives y attachés, jusqu'à sa mort, démission volontaire ou destitution réguliere ; mais après lui, la Charge retournera à notre libre & entiere disposition, & nous en gratifierons ceux qui auront l'âge & les qualités requises, & que nous croirons les plus dignes, après qu'ils auront fait les études & subi les examens qui seront prescrits par les Réglemens que nous nous proposons de faire.

Article XXIII.

Notre intention est cependant d'attacher un prix à certaines Charges ou Emplois de Finance, pour lesquels il est utile & convenable de conserver un gage ou cautionnement de la bonne & fidelle gestion ou administration. Quoique les emplois de notre Maison, ceux qui n'ont de rapport qu'à notre service personnel, & dont les attributions sont parfaitement honorifiques, puissent être, sans le même inconvénient, susceptibles de brevets de retenue, nous avons résolu d'en supprimer l'usage, préférant de faire, de ces sortes d'emplois, des objets de récompense absolument profitables & nullement à charge pour ceux que nous en gratifierons; & afin de n'être nullement gênés sur la disposition que nous en voudrons faire, nous pourvoirons au remboursement de ceux qui ont déjà obtenu de pareilles graces.

Les survivances conduisant à l'hérédité des Charges & Offices qui exigent des talens ou des qualités qui souvent ne sont rien moins qu'héréditaires, nous en pros-

'crivons l'usage. Notre intention est même que les enfans ne succedent que rarement aux emplois & fonctions de leurs peres.

Nous nous proposons de prescrire des regles sur l'âge & le temps de service nécessaires pour posséder des Offices, & obtenir la retraite due à ceux qui les auront exercés long-temps & à notre satisfaction & à celle du Public. Si après avoir établi ces regles, nous nous déterminons à y déroger, nous en exposerons les raisons dans les Lettres de dispense, lesquelles seront soumises aux représentations & à l'enregistrement des Compagnies qui pourroient être intéressées à ce qu'elles n'eussent point leur effet. Sur-tout nous n'entendons accorder aucune dispense d'étude : nous voulons, au contraire, que celles propres aux Magistrats & aux Officiers de Justice soient faites avec tout le soin qu'elles méritent. D'après les Réglemens que nous nous proposons de faire, nous avons lieu d'espérer qu'aucun ne sera admis à défendre ou à juger les Citoyens, sans être parfaitement instruit des principes d'après lesquels les affaires doivent être décidées ; & comme ce n'est pas assez que d'avoir étudié ces regles, qu'il faut encore les avoir pratiquées, pour les appliquer avec la dignité & les lumieres convenables à des Juges supérieurs, nous voulons qu'aucun de nos sujets ne puisse être honoré de la qualité de Juge, sans avoir, pendant un certain temps, fréquenté le Barreau, & qu'on ne puisse remplir une Magistrature du premier ordre, sans avoir préalablement siégé un temps convenable parmi ceux qui jugent à la charge de l'appel.

Article XXIV.

Etant nécessaire & de notre justice d'assigner aux différens Officiers des gages & appointemens proportionnés au travail auquel nous les obligerons de se livrer, nous chercherons les moyens les plus convenables & les moins onéreux aux Peuples, pour y pourvoir. D'ailleurs, s'il en résulte quelques charges pour nos Sujets, ils sentiront sans doute que nous voulons leur épargner, par ce moyen, des faux frais qui leur seroient infiniment plus couteux. D'un autre coté, nous ferons en sorte que nos Officiers supérieurs & subalternes trouvent dans la prompte expédition des affaires, autant d'avantages qu'ils en trouveroient en les faisant traîner; & nous tâcherons de concilier cette vive expédition avec l'examen sérieux de chaque affaire. Nous sentons que cet objet mérite d'autant plus notre attention, qu'il est plus délicat & plus difficile de le remplir dans toute son étendue.

Article XXV.

De grandes & importantes considérations nous engagent à ordonner que dorénavant il n'y aura plus dans nos Cours, Compagnies & Tribunaux Laïques aucun Conseiller-Clerc; mais que vacance arrivant des Charges dont sont actuellement pourvus les Ecclésiastiques, ils seront remplacés par des Laïcs; l'esprit de l'Eglise n'étant pas que ceux revêtus du caractere sacré de la Prêtrise, se livrent absolument aux soins des affaires séculieres & temporelles. Si la difficulté de trouver hors du Clergé des gens instruits dans les Langues savantes & dans tous genres d'étude a subsisté autrefois, elle n'existe plus. Si jadis le Droit canonique a été le Droit commun, il ne l'est plus, & l'on ne peut voir qu'avec quelque sorte de peine la même personne réunir sur sa tête les honneurs de la Magistrature, & des dignités ecclésiastiques auxquelles sont attachées des fonctions qui exigent du moins une assiduité constante aux Offices : de pareils Magistrats se croient autorisés à négliger un de ces deux genres d'obligations, pour suffire à l'autre. Nous voulons donc qu'il ne soit plus admis de Prêtres ni de Clercs, que dans les Officialités & autres Tribunaux vraiment Ecclésiastiques. Nous interdisons aussi les fonctions d'Avocat en Cour Laïque, à tous ceux qui auroient eu l'honneur d'être promus aux Ordres sacrés.

N'entendons cependant priver les Evêques & autres personnes constituées en dignités ecclésiastiques, des séances honorables dont elles sont en possession de jouir dans nos Cours supérieures & autres Tribunaux, & qui n'exigent aucun travail assidu.

Article XXVI.

Trouvant tout-à-fait convenable que les causes réelles de nos Sujets soient jugées dans les Provinces où sont situés les biens & les terres contestés, & où les successions sont ouvertes, & que les causes personnelles soient décidées au lieu du domicile ordinaire de celui à qui l'on demande, ou, suivant les circonstances, dans le lieu même où se sont commis les délits, & où la preuve peut en être plus aisément acquise ; nous proscrivons toutes attributions extraordinaires en vertu desquelles les causes & les Parties seroient attirées de Provinces éloignées, dans la Capitale, ou dans le lieu de notre résidence. Nous réduisons les *committimus*, tant au grand qu'au petit Sceau, aux faits de charges & aux affaires purement personnelles résultantes des fonctions qui y sont attachées, bien entendu qu'elles s'exercent sous nos yeux ou sous ceux de nos principaux Officiers.

Nous voulons que toutes nos Provinces jouissent à cet égard des mêmes priviléges dont quelques-unes d'entre elles sont en possession, & auxquelles d'autres prétendent.

Article XXVII.

Nous nous proposons d'admettre très-difficilement les Requêtes en cassation, qui obligent notre Conseil de s'occuper longuement d'affaires déjà jugées en dernier ressort : nous ne refuserons point cependant de faire examiner les Arrêts sur lesquels il nous seroit porté des plaintes dont l'objet nous paroîtroit digne d'attention. Alors nous chargerons un nombre borné de Commissaires, tirés de notre Conseil, d'entendre le rapport d'un de nos Maîtres des Requêtes, & de nous donner ou à notre Chancelier, dans un court délai, leur avis sur la régularité de ces Arrêts, ou la nécessité de leur cassation. Dans le cas où celle-ci seroit jugée indispensable, & où le fond de l'affaire devroit être renvoyé à un autre Tribunal, ce sera à notre Grand-Conseil, dont nous conserverons l'établissement principalement pour cet effet, bien entendu que les Charges cesseront d'en être vénales, & que, renonçant à toutes les attributions proscrites par l'Article précédent du présent Edit, il ne s'occupera que des affaires que nous lui renverrons particuliérement, & les instruira & les jugera sous la présidence de quelques-uns de nos Conseillers d'Etat & Maîtres des Requêtes : ceux-ci n'auront plus d'autre Tribunal ordinaire, notre intention étant qu'ils renoncent à la Jurisdiction des Requêtes de l'Hôtel, dans laquelle ils jugeoient, sauf l'appel au Parlement.

Article XXVIII.

La forme dans laquelle se tient notre Conseil des Parties, nous paroissant avoir besoin de changement & de réforme, nous nous proposons de borner le nombre de ceux qui y assistent & qui y opinent, aux Commissaires & aux Rapporteurs qui auront été désignés par notre Chancelier, pour examiner les affaires qui y seront portées. Nous voulons que tous ceux qui assisteront à ce Conseil, soient assis avec les distinctions convenables à leurs rangs ; nous proscrivons la vénalité & les brevets de retenue pour les Charges de Maîtres des Requêtes, & pour tous les autres Offices, Emplois & Commissions qui donnent le droit d'assister à nos Conseils : que la minute de tous les Arrêts qui émaneront de ce Conseil, soit signée de tous ceux qui y auront assisté ; qu'il soit tenu un Registre des différentes opinions ; afin que nous puissions toujours connoître de quel côté a été la pluralité des voix, & de combien de voix l'opinion adoptée l'a emporté sur celle rejetée. Notre Chancelier continuera d'avoir la voix prépondérante en cas de partage, bien entendu que ni cette pluralité, ni cette prépondé-

sur le Gouvernement de France. 235

rance n'auront lieu que dans les Conseils où nous n'assisterons pas en personne, étant de principe dans la Monarchie, que les Conseils du Roi ne sont que consultatifs, lorsqu'il y assiste en personne, & que lui seul peut & doit faire l'Arrêt ou même la Loi, après avoir écouté attentivement & résumé l'avis de ses Conseillers.

ARTICLE XXIX.

Nous défendons expressément à nos Secrétaires d'Etat & Greffiers de nos Conseils, d'expédier aucuns Arrêts qui paroissent émanés de nos Conseils, s'ils ne sont assurés que la matiere a été discutée & délibérée par un certain nombre de nos Conseillers, ne voulant jamais nous en rapporter à un seul.

Quant aux ordres qui s'expédient en notre nom, & qui tendent à priver quelques-uns de nos Sujets de leur liberté, & à les éloigner de leur état ou de leur domicile ordinaire, nous ne voulons point qu'il en soit donné sans une approbation précise de notre main, que nous n'accorderons jamais que sur le rapport au moins d'un de nos Ministres, Secrétaires ou Conseillers d'Etat, qui nous en garantira la justice & la nécessité, & signera sur la feuille qui nous sera présentée.

Article XXX.

La gloire & la grandeur de la Noblesse de notre Royaume, qui nous est si chere à tant de titres, consistant bien plus dans le souvenir des services que nous ont rendus ses ancêtres, & dans le mérite de ceux qu'elle nous rend elle-même, que dans le vain honneur de jouir de certaines exemptions qui n'empêchent pas les Nobles de partager avec le reste de nos Sujets le poids des impositions, & qui, si elles avoient plus d'effet, seroient injustes, puisque la partie la plus pauvre & la plus laborieuse de notre Nation ne pourroit pas supporter seule le fardeau pesant, mais nécessaire des impôts; nous jugeons à propos d'abolir les distinctions établies entre les Nobles & les Roturiers, qui assujettissent ceux-ci à payer la taille, & en exemptent les autres, d'autant plus que notre intention est de rendre la taille réelle par toute l'étendue de notre Royaume, & d'abolir la taille personnelle.

Nous renonçons au droit de francfief, que l'on exigeoit ci-devant en notre nom, de ceux qui, n'étant point nobles, acquéroient des fiefs dans notre Royaume.

sur le Gouvernement de France. 237

Nous entendons que les acquéreurs de ces terres, quels qu'ils soient, puissent s'en mettre en possession, en payant seulement les droits usités & établis par les Coutumes des lieux dans lesquels ils sont situés. Nous voulons que les Loix des successions & héritages soient réglées conformément aux dispositions des mêmes Coutumes, suivant la nature des biens, mais sans égard à la qualité des défunts possesseurs ou de leurs héritiers. Enfin nous réduisons tous les priviléges de notre Noblesse à des droits purement honorifiques, & à la considération résultante d'une naissance ancienne & illustre, sans que ce genre de gloire puisse jamais autoriser aucun acte de tyrannie, ni rien qui tende à la surcharge de nos Peuples.

Article XXXI.

Une noblesse acquise à prix d'argent, ne pouvant procurer d'autres avantages que des prétentions aux priviléges que nous venons d'abolir, nous proscrivons l'usage abusif qui s'est introduit dans notre Royaume, d'attacher à des Charges vénales l'honneur d'une noblesse transmissible des possesseurs à leurs descendans. Ainsi, sans vouloir dégrader ceux dont les peres ont acquis cette sorte de noblesse, nous déclarons que la source en sera dorénavant tarie, ne nous réservant que le pouvoir attaché à notre Souveraineté, d'anoblir gratuitement ceux qui auront rendu à notre Etat ou à notre Personne des services dignes d'être récompensés par cette illustration; nous voulons que ces services soient clairement énoncés dans les Lettres que nous ferons expédier en leur faveur.

Conformément à ce qui a dû toujours se pratiquer dans notre Royaume, aucun Gentilhomme ne pourra se qualifier Duc, Comte, Marquis, Vicomte ou Baron d'une terre en particulier, s'il n'en est possesseur, & descendant de celui en faveur duquel elle aura été décorée de quelqu'un de ces titres honorables. Ceux qui posséderont la terre, mais sans descendre de celui pour qui elle aura été érigée, ne pourront prendre que le titre de Seigneur du Comté, Marquisat, &c. Nous nous réservons cependant de rendre les titres de Comtes, Marquis, &c. héréditaires dans les Maisons & familles de la plus haute & ancienne Noblesse de notre Royaume, indépendamment des terres, mais en attachant cette distinction à leur nom. Si nous faisons cette grace à des familles d'une noblesse moins ancienne, ce ne sera que pour récompenser des services éminens, qui seront énoncés & spécifiés dans les Lettres que nous leur ferons expédier.

Article XXXII.

Nous n'exigerons & ne souffrirons qu'il soit exigé pour aucune Charge, Office & Emploi ayant part à la Justice ou à l'Administration, aucune preuve de noblesse; & les honneurs qui peuvent être attribués à ces places, ne seront jamais transmissibles aux enfans de ceux qui les auront remplies. Cependant nous sommes bien éloignés de penser qu'aucune de ces Charges, Emplois ou Commissions doivent emporter avec eux aucune dérogeance; nous désirons au contraire inspirer à la Noblesse de notre Royaume le désir de les remplir, mais sur-tout nous ne voulons les accorder qu'à ceux qui les auront mérités par leurs vertus, leurs talens & leur application. Nous ne prétendons pas même que les emplois les plus subalternes, ou le commerce en détail, entraînent pour les anciens Gentilshommes d'autre dérogeance qu'une suspension passagere de leurs titres honorables, dont leurs enfans rentreront en possession, si-tôt qu'ils pourront se retrouver dans un état plus analogue à leur naissance.

Nous laisserons d'ailleurs subsister les Réglemens déjà faits concernant les preuves de ceux qui se présentent pour entrer dans nos Ordres de Chevalerie, ou pour remplir les principaux Offices & Emplois de notre Maison militaire & domestique; & nous ne voulons rien innover quant aux honneurs de notre Cour, notre intention étant de conserver soigneusement ce qui peut en augmenter l'éclat & la majesté, sans porter la plus légere atteinte au bonheur de nos Peuples.

Article XXXIII.

Nous nous proposons de créer un Tribunal particulier, composé de membres de notre principale Noblesse, de personnes constituées dans les plus éminentes dignités de notre Etat, & de gens savans dans la connoissance & la vérification des anciens titres, lesquels seront autorisés par nous à juger de la validité de ceux de noblesse qui leur seront présentés, & de fixer le degré de confiance que l'on peut y accorder. Ce sera dans ce même Tribunal

Tribunal que seront enregistrées & publiées les Lettres de noblesse que nous jugerons à propos de donner, & les titres honorables dont nous décorerons les Gentilshommes de notre Royaume, en observant d'y inférer les motifs qui nous auront déterminés à les en gratifier.

Le dépôt de tous les titres de ce genre sera sous la direction & soumis à l'inspection perpétuelle des Membres de ce Tribunal.

ARTICLE XXXIV.

Nous persistons dans la juste résolution prise par les Rois nos Prédécesseurs, de n'accorder aucun Office de Judicature qu'à ceux qui font profession de la Religion Catholique, Apostolique & Romaine, seule dominante sous notre protection dans notre Royaume. Nous confirmons & renouvelons en tant que de besoin, les Edits & Déclarations sur cet objet ci-devant publiés & enregistrés; nous en étendons même les dispositions sur toutes les places de quelque importance que nous nous proposons d'établir, & auxquelles nous voulons confier le soin de la Police & des Finances de nos différentes Provinces; regardant comme nécessaire au bonheur de nos Peuples, que ceux qui font chargés de veiller à leurs intérêts, aient une façon de penser uniforme en matiere de Religion ; celle-ci étant la base de la morale, dont le maintien est essentiel à la tranquillité & au bonheur public. D'un autre côté, entrant dans le véritable esprit de cette sainte Religion qui doit s'établir par la persuasion & par la considération des avantages qu'elle procure, & non par la persécution, les menaces & la crainte des peines temporelles, nous défendons à tous nos Juges, Officiers & Administrateurs, d'user d'aucune violence pour contraindre à l'embrasser, ceux qui auroient le malheur de n'être pas convaincus des vérités qu'elle nous enseigne. Nous voulons au contraire les laisser vivre paisiblement dans l'état de simples Citoyens soumis à notre autorité, aux Loix de notre Royaume, & à l'Administration, à laquelle ils ne participeront qu'en payant les charges qui leur seront imposées comme à nos autres Sujets. Nous établirons des formes purement légales & nullement ecclésiastiques, au moyen desquelles la légitimité de leurs mariages & de leurs enfans sera suffisamment établie ; & le partage de leurs biens & successions sera fait conformément aux Loix, Usages & Coutumes de la Province où leurs biens seront situés & leurs personnes domiciliées. Nous voudrons bien même tolérer qu'ils fassent des actes de leur fausse Religion, mais sans éclat extérieur : si le nombre d'entre eux étoit assez considérable dans quelque ville, pour que ces assemblées devinssent nombreuses, nous y enverrions des Commissaires de notre État, non pour les troubler, mais pour empêcher qu'il ne s'y fasse rien de contraire à notre autorité ou à la tranquillité publique, & que la Religion dominante n'y soit insultée. Nous aurons également attention à ce qu'ils ne fassent rien imprimer qui tende à diminuer le respect de nos Peuples pour elle. Nous nous proposons de punir, suivant l'exigence des cas, ceux qui contreviendroient à nos Réglemens à ce sujet, & sur-tout de sévir contre ceux qui oseroient attaquer les grands principes de la Religion Chrétienne, tenter ainsi d'altérer les sources les plus pures de la bonne Morale.

CHAPITRE VIII.

Effets qui doivent résulter du plan ci-dessus proposé.

IL n'est guere possible de douter que l'exécution d'un plan dont l'objet est de rendre le Roi plus puissant & les Sujets plus heureux, ne produise les meilleurs effets; mais l'accomplissement d'un projet si étendu ne peut pas être rapide, & le bien qui doit en résulter n'est pas de nature à être tout-à-coup sensible. Cependant l'idée consolante que ce plan offre à la premiere lecture, ne seroit-elle pas capable de disposer les esprits à connoître, à adopter leurs véritables intérêts, & à s'empresser d'y concourir ? Osons l'espérer. Ce que nous venons de proposer n'est point un changement de Gouvernement; ce sont les vrais principes de la Monarchie, bien développés, bien entendus & bien suivis.

Un Roi digne de l'être, écoutera les intérêts de ses Peuples, n'aura point d'autre organe pour les connoître, que leur voix même, & n'emploiera d'autre ressort, pour les fuivre, que leur libre activité. Ce n'eſt point par des largeſſes onéreuſes à l'épargne, qu'on gagne les cœurs. Les Empereurs Romains accoutumerent trop la populace à des diſtributions de pain, de viande & d'huile : on la plonge par-là dans la fainéantiſe, ou bien on prépare des révoltes qui éclatent auſſi-tôt qu'on ne ſauroit plus fournir à ces énormes libéralités. Les plus ſinceres intentions ont plus ſouvent ſatisfait, que les effets mêmes. Le regne de Louis XII en eſt un exemple; &, quoi qu'il arrive, un grand talent pour gouverner, c'eſt de convaincre le Public qu'on déſire véritablement ſon bien.

J'oſe dire que la Science politique de l'intérieur des Etats eſt retombée dans l'enfance, depuis qu'on ne connoît plus, pour procurer l'abondance, que ces deux termes, ou vides de ſens, ou peu entendus par ceux qui en parlent le plus, *circulation & crédit*. Ce ſont-là des effets & non des cauſes d'abondance. Dans un Etat bien gouverné, l'argent circulera toujours de reſte ; mais de vouloir procurer une vaine circulation à l'argent & aux effets qui le repréſentent, ſans qu'elle provienne d'une confiance naturelle, d'un beſoin d'affaires, ou d'un commerce mutuel, c'eſt comme de donner la fievre au malade pour l'animer. Telle seroit aussi la folie d'un petit Souverain qui, ayant remarqué que les rues d'une grande ville sont toujours remplies d'un peuple innombrable qui va & vient pour ses affaires, croiroit que toute la force des villes consiste dans ce concours tumultueux, & obligeroit ses Peuples, par une Ordonnance expresse, à aller toujours par les chemins.

L'idée qu'on a du crédit public ou particulier, est encore plus fausse ; le crédit n'est bon qu'à celui qui l'obtient ; les retards des payemens, dont les Banquiers profitent, sont plutôt un mal qu'un bien. Des Citoyens habiles & diligens, tels qu'ils devroient être tous pour grossir le capital de l'Etat, trouvant chez eux confiance & justice, ne laisseroient pas long-temps leur argent oisif. Quand on ne considérera le crédit public que dans celui que nos Commerçans obtiennent sur les Étrangers, on ne gagnera jamais beaucoup en France à ce crédit-là, puisque nos Voisins ont l'esprit plus commerçant, plus banquier que nous, qui sommes naturellement assez dissipateurs. Plût au Ciel que nous soyons long-temps sans avoir befoin de crédit ! & nous en trouverons alors tant que nous en voudrons. Il en est des Etats comme des particuliers ; ceux qui demandent du crédit, font toujours ceux qui font le moins en état d'en répondre.

Que d'erreurs pernicieufes, que de fauffes conféquences publiques & légales, que de fyftêmes ruineux ont cependant dérivé d'avoir fait confifter tout le bien de l'Etat dans ces deux prétendues caufes, dont on ne devoit pas tant s'embarraffer pour bien faire ! Sans cette métaphyfique financiere qui défole la France depuis le miniftere de Colbert, on auroit vu plus clair fur l'état de nos Finances ; on ne fe feroit occupé, en temps de paix, qu'à maintenir la foi des engagemens antérieurs, & à économifer fur le revenu réel, fans s'abandonner à de vaines fpéculations & à contracter de nouvelles dettes ; on n'y auroit pas alternativement préféré l'intérêt des Débiteurs & celui des Créanciers, & brouillé ainfi toutes les fortunes.

On parlera toujours de rétablir les affaires ; on fe plaindra du Gouvernement préfent ; on frondera, on afpirera après de meilleurs temps : on regrettera le paffé ; & fouvent tout l'éloge qu'on lui accorde, consiste dans la critique du présent. Mais par où sort-on des maux qui se font sentir ? Qu'oppose-t-on aux abus généraux ? Tout au plus quelques Réglemens particuliers, qui ne vont qu'à de minces objets dont on espere peu, & dont les effets sont encore au dessous de l'attente.

Il faut convenir de principes fixes & invariables, & j'en reviens toujours là, un des meilleurs seroit d'admettre davantage le Public dans l'Administration : on verroit quels biens en résulteroient. Des soins particuliers, pris par les Parties les plus intéressées, doivent nécessairement rétablir les Finances par la voie la plus légitime & la plus désirable, qui est l'augmentation des richesses du Souverain, provenante de l'accroissement de celle des Sujets.

Qu'on parcoure toutes les différentes parties des Charges de l'Etat, & tous les soins intérieurs dont le Ministére s'est chargé en France, l'on trouvera combien ils doivent tous prospérer par ce nouveau ressort, & combien il seroit heureux de le voir succéder à une négligence inséparable d'une trop grande étendue de ces soins.

La Monarchie simple & absolue fait quelquefois de grandes choses. Sésostris, par sa seule autorité, fertilisa l'Egypte ;

en rendit les communications aifées, créa ainfi un grand commerce intérieur, encouragea les Arts, & procura en même temps à fes Peuples l'aifance & la gloire. Louis XIV en a fait en quelque maniere autant en France. Leurs Peuples ont eu à ces Monarques les plus grandes obligations; mais ils ne les ont pas toujours fenties. D'où vient? C'eſt que, lorfque la Monarchie agit feule ou par des fubalternes abfolument dépendans d'elle, on croit qu'elle ne travaille que pour le parfait établiſſement de fon autorité, lors même qu'elle fait profpérer la Nation & qu'elle l'enrichit. On eſt tenté d'être ingrat envers le Monarque, & de penfer qu'il n'engraiſſe le troupeau, que pour le mieux vendre, ou pour le manger lui-même. Au contraire, quand il paroît s'en rapporter à fes Peuples, du foin de leur bonheur, en ne fe réfervant que celui de les empêcher de s'écarter du pâturage, on le bénit, on l'aime; & pour foutenir ma métaphore paſtorale, on voit bien qu'il eſt le chien du troupeau, & on ne le foupçonne pas d'en être le loup.

La Démocratie, dirigée & guidée par l'intérêt commun, porte à agir chacun *en droit soi* par des vûes raisonnées & réglées, prises en société. Voyez la Hollande, ses digues, ses canaux, ses édifices publics; personne n'en souffre, tous en jouissent; leur entretien & leur durée se continuent comme la Nature même, & jamais les vûes d'utilité ne sont fausses.

Les ouvrages publics, par exemple, les ponts, les chemins & leurs réparations, les canaux qui multiplient les facilités du commerce intérieur, comment tous ces objets peuvent-ils être conduits par une Régie immédiate qui s'étende de la capitale aux extrémités d'un grand Royaume? Soutiendra-t-on que dans cette direction le nécessaire soit toujours préféré à l'utile, & l'utile au superflu? Peut-on combiner, à chaque projet d'ouvrage, les premiers intérêts généraux avec les moindres de chaque lieu? Est-il possible de veiller de loin à l'entretien & aux réparations essentielles, sans lesquelles toutes ces dépenses ne servent au Public que dans leur premiere nouveauté? Quelle chimere, que de prétendre à une attention infatigable, dont sera à peine capable l'intérêt local de chaque Département!

Au contraire, au lieu d'éprouver des difficultés pour le bon entretien des ouvrages publics, ne doit-on pas espérer que les Communautés libres d'agir, de projeter & de construire, saisiront en même temps le besoin de chaque article, & les moyens d'exécuter à moins de frais : tout sera sous leurs mains ; il ne leur faudra plus un Arrêt du Conseil pour réparer un mauvais pas ou reboucher un trou ; ce qui menacera ruine, sera prévenu. La France est peut-être le seul des Etats Chrétiens où la police soit entiérement confiée à des Officiers Royaux, qui ne répondent de rien aux Peuples, & qui insultent plutôt qu'ils ne déferent à leurs plaintes. C'est de quoi l'on s'apperçoit, lorsqu'on voyage sur nos frontieres. Il est inutile de demander où finit le territoire de France ; l'état des chemins & de tout ce qui est au Public en fait assez appercevoir ; & comme tout est mode & tout est exemple chez notre Nation, il arrive que l'indolence des Chefs inspire aux Particuliers la même indifférence sur les intérêts publics ; cela va jusqu'à l'éloignement. Un particulier qui dépensera cinquante mille écus à sa maison, se refuse à employer deux pistoles à réparer la voie publique par où l'on aborde chez lui. Le feu Duc de Lorraine

Léopold, en trois années de temps, a fait raccommoder tous les chemins de son Etat; ils sont devenus un modele de perfection en ce genre. Il en chargea les Communautés, sous l'inspection & non sous le commandement de ses Ingénieurs. On commence en France à faire travailler par corvée aux ouvrages publics (*); mais par une malheureuse conséquence de notre Gouvernement présent, tout ce qui est destiné au bien public se tourne en fléau. Ces corvées sont devenues une troisieme taille dans la campagne; elles se font sous les ordres des Intendans, des Subdélégués & des Officiers Royaux. Des Ingénieurs conduisent moins ces Ouvriers, qu'ils ne leur commandent comme à des esclaves. On les arrache de leurs maisons & à leurs travaux nécessaires; on les mene fort loin de chez eux; on les y tient long-temps; on leur accorde, pour toute subsistance, la faveur de mendier leur pain aux heures du repas; ceux qui s'exemptent, se rachetent. Ainsi tous les Bas-Officiers s'enrichissent encore de cette misére.

Rien n'est exagéré dans ce récit. A

―――――――――――――――――――
(*) Vers 1750.

tous les nouveaux établissemens on trouvera les mêmes obstacles ; tant que les ressorts du Gouvernement ne seront point changés, on éprouvera les conséquences d'une ignorance impardonnable des principes d'utilité commune. Combien de fois les gens à leur aise ont-ils répété qu'il faut des tailles arbitraires pour mâter le paysan, sans quoi il tomberoit dans l'indolence & dans la révolte ; que les habitans de certaines Provinces, telles que la Normandie qui paye trente-sept millions au Roi, & reste riche, ne travaillent beaucoup, que parce qu'ils ont beaucoup de taille à payer? Cette politique n'est ni profonde ni humaine ; on attribue à la force des impôts, ce qui vient du merveilleux courage des habitans.

Quand on raisonne sur quelque nouvel établissement, on allegue, pour unique motif, l'augmentation des droits du Roi : tout est absorbé dans ce point de vue. A peine l'utilité publique est-elle admise pour aller par-dessus le marché de l'objet fiscal, maxime d'esclavage & d'ignorance. Plus cependant on considere le Monarque relativement à ses Sujets, plus on reconnoît qu'il est l'homme du Peuple, & non le Peuple la chose du Roi.

D'après des principes plus justes & plus sages, les deux objets se trouveront remplis, & ne se contrarieront jamais; la tyrannie disparoîtra, & la paternité commencera. Le pere trouve sa gloire dans la bonne conduite de sa famille; voilà véritablement ce que le Monarque est à ses Sujets.

Chaque article de police & de dépense royale a en France ses Chefs séparés, résidans dans la capitale; ils ont leurs Officiers Généraux dans les Provinces. Cela forme autant de régies générales & distinctes, ressemblantes à autant de Monarchies accumulées les unes sur les autres dans le même lieu, & toutes sujettes aux mêmes inconvéniens, infidélité & négligence.

Quand on a voulu remédier à la mendicité qui est si importune en France, on n'a jamais imaginé que des hôpitaux généraux pour renfermer de gré ou de force tous les Mendians, & ces grandes maisons sont encore desservies comme tout ce qui appartient à la Monarchie, c'est-à-dire, à grands frais, & à grands profits pour les Officiers Administrateurs, tandis qu'on pourroit faire bien davantage, à bien moins qu'il n'en coute en revenus abandonnés à ces maisons. On pourroit renvoyer les Mendians dans les villages où ils sont nés ; on chargeroit chaque Communauté d'une certaine étendue, d'un certain nombre d'enfans trouvés ; on aideroit, par une modique pension, les incurables & les invalides.

Mais, pour cela, il faudroit que les villages ne fussent pas déserts, & que leurs habitans ne fussent pas eux-mêmes des Mendians.

Le travail que chacun fait pour sa propre utilité, paroît toujours moins pénible & moins considérable, & il est mieux fait. Les travaux généraux ne s'exécutent que par des ressorts trop étendus & trop composés, pour être parfaits ; ils sont du moins sujets au relâchement. Les conséquences de ce principe s'étendent bien loin en politique ; on n'y réfléchit pas assez.

Il est certainement à désirer que les Provinces soient peuplées, que la politesse y regne, que l'argent y circule. Eh bien ! le contraire arrivera, & le mal augmentera, tant que la Capitale ne fera que s'accroître chaque jour des dépouilles des Provinces.

Mais comme nous vivons dans le siecle

des probabilités & des paradoxes, on soutient souvent qu'il est bon que les choses soient ainsi, & il semble que les Provinces ne soient faites que pour servir à la grandeur du Monarque, & entretenir le luxe de la Capitale. C'est mettre en principe que les obstructions sont bonnes dans le corps humain: mais au contraire, quand toute la substance & les humeurs s'amassent dans une seule partie, il arrive aux autres de se dessécher & de périr.

Il en est de même de notre Royaume. Il seroit fort à souhaiter que les Nobles & les riches ne dédaignassent plus le séjour des Provinces; qu'ils résidassent plus volontiers dans leurs terres & dans les villes qui en sont voisines. Les moyens à y employer sont de longue haleine; ils ne peuvent venir que d'un principe de Gouvernement moral, qui tendroit à déraciner peu à peu l'ambition à prix d'argent, & qui ne présente plus dans les Emplois que des travaux utiles, & par-là honorables avec moins de profits étrangers à la chose publique, & moins d'honneurs frivoles.

En attendant ce grand changement dans les mœurs de la Nation, réglez mieux les Départemens, aussi bien que les

les Emplois principaux dans les Provinces, vous en ferez autant de centres de dépenses, & vous releverez infiniment leur séjour.

Un autre avantage à tirer de la multiplication des Départemens, est d'affermer les revenus du Roi par Province plus que par affaires. On obligeroit les Régisseurs à résidence; l'intrigue & l'agiot qui les retiennent à Paris, cesseroient de s'opposer à leur véritable intérêt qui les appelle au lieu de leur exploitation; & par cette dispersion des Financiers, leur fortune, s'ils pouvoient en faire, seroit au moins consommée sur les lieux.

Peu à peu les Chefs de chaque Département proposeroient des arrondissemens de territoires, par échange des enclaves, en suivant les bornes qu'indique la Nature; & rien n'apporteroit autant de commodités & d'ordre, que ces nouveaux arrangemens. On y a souvent songé, mais on a toujours voulu les faire par la voie d'un travail général, forcé & hérissé de difficultés, d'oppositions & de discussions; au lieu que tout s'applanit, lorsque les hommes conferent librement sur leurs véritables intérêts; ce qui embarrassoit auparavant, vient alors s'offrir de soi-même.

R

Quand cette espece de Démocratie sera employée, on sentira bien mieux quel est le bon ou le mauvais usage de nos Loix, quels Réglemens sont superflus ou nuisibles, quelles sont les regles qui favoriseroient mieux le plus grand nombre de citoyens, & quelles sont celles qui, ayant été dictées, dans leur origine, par le plus petit nombre, alors le plus accrédité, doivent être changées pour l'intérêt général.

Nous supposons les gens de la campagne nés pour la mal-propreté & la grossiéreté ; nous attribuons à l'exagération romanesque & à l'illusion poétique, l'idée des Bergers galans & des Villageoises gracieuses ; cependant s'il n'en existe plus de tels que l'on nous a peint ceux de la Thessalie, ils sont encore propres, simples & heureux en Hollande & dans certaines parties de l'Allemagne. C'est l'oppression qui a défiguré la Nature, comme nous le voyons dans quelques Monarchies.

Nos lumieres naturelles sont souvent troublées. Nous sentons des incommodités qui ne nous sont pas expliquées, & nous nous entêtons pour nos maux. Un grand bruit de chaînes nous étourdit, une vapeur nous offusque. Le séjour des villes devroit nous paroître monstrueux : des campagnes pavées, un ciel de pierres ou de bois, des marchés pour jardins, & des jours artificiels, tout y contribue à éteindre la voix de la Nature.

> La ville est le séjour des profanes humains :
> Les Dieux habitent la campagne.

Si nous considérons nos Loix civiles, faites pour les successions, nous reconnoîtrons bientôt que quantité de dispositions légales, concernant l'ordre des familles, n'ont jamais été suggérées que par l'avidité & par l'orgueil; que bien éloignées de prévenir les contestations, elles les fomentent; que la plupart des droits avantageux & de préciput engendrent l'envie & non l'émulation entre les freres; que tout cet amas de titres & de dignités ne va qu'à rendre un héritier négligent & impertinent, & que les stipulations profitables, si requises dans les mariages, sont fondées sur une avarice mal entendue, & bannissent des familles la confiance & l'union.

Les gens riches, toujours fainéans par goût & par état, n'ont cherché que la sûreté dans la possession des terres. Ils conviennent de la médiocrité du produit de leur capital dans l'emploi en fonds de terres ; mais la prudence confulte la folidité.

La fubtilité financiere des Miniftres tyranniques a déconcerté les mefures prifes pour les autres natures de biens, & par-là elle fait de plus en plus recourir aux terres ; mais eft-ce pour les cultiver foi-même, pour les améliorer? Non; c'eft pour les laiffer dépérir, ou pour les vendre plus avantageufement qu'on ne les a achetées.

La réduction des rentes fur l'Hôtel-de-Ville, & le fyftême de Law en 1720, avoient dégoûté des rentes : auparavant, les riches habitans des villes commençoient à vendre leurs terres pour des rentes. Depuis cette époque, on avoit perdu la confiance qui faifoit préférer les contrats aux terres. D'autres opérations de finances ont confirmé les efprits dans ce dégoût, ou plutôt dans l'appréhenfion de la culbute des fonds publics. D'ailleurs la vanité bourgeoife fe nourrit mieux par les différens titres qu'attribuent les terres, que par le produit clair des contrats ; mais elle ne s'occupe pas davantage du foin de de les faire valoir. Quelques voyages qu'on fait dans fes terres, engagent à des dépenses de luxe qui flattent, ou à de fausses améliorations, fruits d'une économie mal entendue. Nos peres habitoient leurs domaines rustiques, & se contentoient de leurs antiques maisons. Nous ne les habitons plus, & nous les ajustons avec une recherche superflue, ou nous faisons des plans d'embellissemens & d'améliorations que nous ne suivons pas.

Rien n'est si vrai, que le plus grand dommage qui puisse arriver à un champ, est celui de n'être pas cultivé par son Propriétaire; & plus ce défaut se multiplie, plus l'effet en est misérable.

Un Métayer rend à un Fermier, & celui-ci à un Receveur général qui rend à un Maître. Que de mains par lesquelles passe le produit, & combien s'éloigne par-là cet esprit de propriété, cet œil de Maître qui profite de tout, qui voit tout, & qui fait tout fructifier par un intérêt direct & prochain! Considérez la différence de culture dans les vastes terres d'un grand Seigneur, & dans l'étroit héritage d'un Paysan; cette différence va au moins à quatre pour un, & l'abondance générale dépend de là.

Appliquez ces principes à l'exécution, tirez-en toutes les conséquences, convenez ou difconvenez qu'il foit poffible d'en faire un ufage parfait en France; ils n'en font pas moins vrais en eux-mêmes, & toute autre maxime fur cette matiere n'eft qu'illufion. Il s'enfuit donc néceffairement de ces obfervations, qu'il feroit à fouhaiter que tous les domaines de la campagne ne fuffent poffédés que par ceux qui les cultivent eux-mêmes, ou qui du moins s'occupent férieufement du foin d'en tirer le meilleur parti. Eh ! qu'eft-ce qui peut les y engager davantage, que l'affurance de voir toute une Province réunie pour cet effet, & d'avoir eux-mêmes voix en chapitre, pour opérer un fi grand bien ?

Voilà certainement ce que prouvera la Démocratie, fi elle eft jamais admife jufqu'à influer fur l'Adminiftration. Il ne faut rien diffimuler à la Nobleffe & aux Seigneurs; ils ne gagneront à cet arrangement aucune augmentation d'autorité, ni même de confidération; mais en qualité de Propriétaires, ils en tireront des avantages plus réels.

Qu'ont befoin nos Rois de la poffeffion immédiate, & même d'une féodalité purement feigneuriale fur tant de fiefs, avec une fouveraineté fi décidée fur leurs

Sujets, & qui emporte tout ? De quelle utilité leur est cette quantité de domaines soi-disant utiles, si mal régis au nom d'un puissant Souverain ?

Nos premiers Rois vivoient de leurs terres ; mais ils n'avoient pas entrepris encore de porter tout le fardeau de l'État comme aujourd'hui ; il leur falloit un domaine utile, réel ; il n'y avoit point alors de domaine fictif : mais à quelle fin conserve-t-on à présent les titres domaniaux de la Couronne, si ce n'est contre l'usurpation des Couronnes voisines ? A cet égard, le meilleur titre est la possession, & les seuls instrumens sont nos armes : les autres titres sont utiles pour assurer l'état des Particuliers. C'est un dépôt public. Mais l'usage des titres du Roi sur les terres, ne sert qu'à nourrir une multitude d'Officiers Royaux, uniquement intéressés à tourmenter les patrimoines voisins des domaines de la Couronne ; recherches odieuses, & formes tyranniques de procéder.

L'exigence du droit de franc-fiefs ne sert qu'à gêner le commerce libre des terres, & il est à souhaiter qu'il ne le soit pas.

Peut-être qu'en matiere de bois & de

forêts on réformeroit une quantité de Réglemens de Police, sur lesquels il faudroit appeler des principes aux effets. On trouvera sans doute qu'il est plus à propos, pour le bien du Royaume, de s'en rapporter entiérement à l'administration des peres de famille, des Juges, tuteurs naturels des mineurs & des Communautés, au lieu de les gêner dans leurs vûes, ou de les forcer, sous prétexte de police, à payer de gros droits à des Officiers vénaux. Il arrivera sans doute que les particuliers, au milieu d'une sage abondance, entendront mieux leurs intérêts que ces Officiers, & préféreront plus ordinairement la conservation à la destruction.

Quand on dit que le Royaume manqueroit de bois, songe-t-on que la navigation nous rapproche des pays incultes qui nous en offriroient toujours pour la marine & pour les autres charpentes & menuiseries? On pourvoira aisément au chauffage, à quelque degré que la mollesse des villes ait augmenté cette consommation, en cherchant les moyens d'économiser le bois & de purifier le charbon; l'on aura constamment, pour l'agrément des héritages, des bois & des avenues; & d'ailleurs l'appât du profit engage nécessairement à entretenir ce qui se vend bien. Mais la meilleure Police a été oubliée sur les bois ; ce seroit d'obliger, puisqu'il faut contraindre, à couper les bois qui ont pris leur âge, qui ne profitent plus, & que la terre nourrit inutilement à chaque séve. On commet en cela la même faute économique, que si on laissoit la moisson sur pied après le mois d'Août.

Par l'heureuse confiance qui naîtra de la liberté, le pere de famille préférera le profit solide d'améliorer ses terres, aux richesses casuelles du coffre-fort ou du gros porte-feuille ; il placera son argent à chetel, au lieu d'en acheter des fiefs vains pour lui, & nuisibles aux autres.

Aujourd'hui (*), dans la conduite de nos manufactures, on écoute plus les intérêts du Public vendeur, que du Public acheteur, & c'est-là une des grandes sources du dépérissement du commerce ; car, dans l'ordre politique, le profit de ceux qui servent doit être subordonné au besoin de ceux qui demandent. On oblige, par exem-

_____

(*) On s'appercevra aisément jusqu'à la fin de ce Chapitre, que l'Auteur écrivoit il y a plus de trente ans, & qu'on a déjà profité de ses idées jusques à un certain point.

ple, les citoyens, & sur-tout les plus pauvres, à ne s'habiller que d'étoffes du cru, plus mauvaises, moins durables & moins agréables que celles qu'il trouveroit ailleurs.

On croit avoir accompli toute œuvre politique, & avoir avancé une maxime incontestable, quand on a répondu sur cela, qu'il faut occuper tant d'ouvriers dans les Provinces, qu'il faut se passer des Etrangers, & empêcher l'argent de sortir du Royaume.

Mais seroit-il impossible d'établir que dans un pays fertile & bien gouverné, on n'est jamais embarrassé de l'occupation des habitans ; que la moisson y est toujours plus abondante que les moissonneurs ne sont nombreux ; que les ouvriers doivent toujours aller au plus utile, afin d'augmenter le capital de l'Etat ; que ce capital augmente ou diminue, selon qu'on vend plus cher aux Etrangers les choses de la même espece qu'on tire d'eux à meilleur compte, pour les consommer chez soi ?

Le commerce étranger ne se soutiendra jamais que par des besoins réciproques ; jamais il n'ira mieux, que quand toutes les portes seront ouvertes. A qui convient plus cette maxime, qu'à la France, où la Nature & les Arts difputent de fécondité ?

Le calcul décide des profits du commerce ; mais ce calcul veut être libre & foumis aux feuls intéreffés. Si l'on tremble fur la fortie des denrées effentielles à la vie des hommes, dont la privation caufe des révoltes, & dont le monopole eft réputé fi coupable, la queftion fe réduit fur cela, à favoir fi nous manquons jamais d'air & d'eau, fur-tout dans les endroits où il eft plus libre d'entrer & de fortir. Toutes les précautions, pour le conferver par artifice, ne tendroient qu'à en diminuer la falubrité. Qu'on laiffe donc faire, & il n'arrivera jamais de difette de blé dans un pays où les ports feront ouverts. Les Étrangers, par l'appât du gain, préviendront nos befoins, & feront par-là ouvrir les magafins des monopoleurs, mieux que les Ordonnances & la perquifition des Officiers de Police.

S'il s'agit des Loix fomptuaires, on trouvera, après un léger examen du cœur de l'homme, que ce qui défend la magnificence, en raffine le goût & irrite les défirs de l'habitant, qui ne veut pas paroître au deffous de ceux qui doivent être exempts de la prohibition. Accordons-nous avec nous-mêmes. La Politique défend le luxe, & la Politique exige la perfection des Arts. En voici la solution.

La magnificence devroit être réservée aux ouvrages publics, aux temples, aux palais, & à la Cour des Rois ; elle devroit être bannie de chez tous les particuliers qui ne sont chargés d'aucune représentation par état, & chez qui il ne devroit régner qu'économie, propreté & commodité. Par une telle distinction, les Arts seroient mieux encouragés ; ils ne seroient point livrés au caprice des gens riches & de mauvais goût, & par-là les mœurs, qui valent bien les Arts, seroient perfectionnées.

C'est ce qu'on pratiquoit dans les bons temps de la Grece & de Rome, & c'est ainsi qu'ils nous ont laissé d'aussi nobles monumens de leur grandeur, qu'il en restera peu dans l'avenir de notre sombre profusion.

En avançant cette maxime, j'ai fait une satire contre le siecle présent, qui pratique précisément le contraire. Mais laissons sur cette matiere la réforme naître naturellement de l'abus de la chose, des réflexions de ceux qui en usent, ou, si l'on veut, de leur inconstance & de leur légéreté naturelle; on se dégoûtera du luxe, & notre Nation en reviendra plutôt quand elle ne sera point gênée, que si on la gêne à cet égard.

Le Ministere Financier de ce siecle a enchéri mal-adroitement sur les moyens qu'avoit employés Colbert pour faire prospérer nos manufactures. Qu'en est-il arrivé ? il a excité l'envie de nos voisins. Ils se sont empressés à nous imiter ou à nous surpasser; ils sont parvenus même à nous faire désirer les productions de leurs fabriques, tandis qu'ils recherchoient celles des nôtres : nous avons voulu gêner l'entrée des unes, ils ont proscrit les autres, & nous avons dû reconnoître la vérité de cette axiome, que *plus on veut attirer l'argent, plus il s'écarte.* Croyons plutôt que *le travail assidu & la parfaite liberté sont les deux grands ressorts du commerce.*

CHAPITRE IX.

Objections & réponses.

LA premiere objection à laquelle je dois m'attendre, c'est que le plan que je propose éprouvera de grandes contradictions de la part de plusieurs classes entieres de Citoyens illustres & distingués, qui croiront beaucoup perdre aux établissemens en question. Les uns se plaindront d'être privés de leurs prérogatives & d'une supériorité sur les ordres inférieurs, à laquelle ils sont accoutumés ; les autres possedent des Charges qu'ils s'imagineront que l'on veut dépouiller de leurs plus belles fonctions. Cependant j'espere qu'après y avoir bien réfléchi, on conviendra que dans l'exécution de ce plan, il y a plus à gagner qu'à perdre pour tout le monde ; que ceux dont je veux parler, en abandonnant quelques prétentions idéales & chimériques, retireront d'ailleurs de grands avantages comme propriétaires & possesseurs de terres, comme simples citoyens, & nécessairement assujettis aux charges publiques. En effet, de quel prix n'eſt pas la ſûreté de ne porter de ce peſant fardeau, que la portion qui doit abſolument nous regarder, d'être témoins du partage égal qui doit ſe faire entre tous, des pertes & des profits, & d'avoir même voix en chapitre pour ces importans objets ? Quelle différence de payer ce que l'on convient de devoir, ou d'être pourſuivi pour le payement d'un compte que l'on n'a point réglé ſoi-même, & dans lequel on ſoupçonne toujours de l'injuſtice, même quand il n'y en a pas. Il y a long-temps que l'on dit en France, que *l'on n'eſt jamais mieux jugé que par ſes Pairs.* Eh bien ! en ſuivant le plan propoſé, nous le ferons tous en matiere d'impoſitions, & même de Police particuliere à chaque Province, à chaque Ville, à chaque Canton.

Il n'y a en France qu'un Roi & des Sujets, parce que c'eſt une Monarchie. Mais la meilleure de toutes les Monarchies poſſibles, eſt celle où le Roi ordonne, & où les Sujets s'entendent avec lui & ſe cotiſent librement & volontiers, pour entrer dans les vûes du Monarque, de la maniere la moins onéreuſe pour eux, & la plus utile à la Patrie. Or, pour bien établir ce concert & cette intelligence, faut-il donc qu'il y ait un ordre intermédiaire entre le Roi & le Peuple ? Non aſſurément. Cet ordre ſeroit un corps Ariſtocratique, & nous n'en avons pas beſoin. L'autorité Démocratique n'a d'autre inconvénient, que d'être trop diviſée pour ſe faire obéir. Il faut donc la régler, la diriger, & ce doit être par un eſprit unique qui influe ſur le corps entier de l'Etat, ſans avoir d'autre intérêt que le général ; telle eſt l'autorité royale dans ſon principe & dans ſes influences. Après tout, ceux qui pourroient avoir des prétentions au pouvoir Ariſtocratique, auront du moins quelque part à l'Adminiſtration Démocratique ; & peut-être que, toute réflexion faite, ils trouveront qu'il vaut encore mieux partager la juſte & honnête liberté d'un Peuple bien gouverné, que d'aſpirer à une tyrannie injuſte dans ſon principe, incertaine dans ſes effets, & ſouvent même dangereuſe.

Je m'attends à une ſeconde objection, qui portera ſur l'exécution de mon plan. Cette exécution ſera longue & difficile. Il n'y a preſque aucun article de ce projet de Réglement, qui ne demande des éclairciſſemens, & qui ne donne lieu à pluſieurs queſtions. Oui, ſans doute : mais le principal

cipal est d'adopter un systême, de diriger ses vûes en conséquence. Bientôt chacun sentira qu'il est de son intérêt de concourir à la réussite d'un pareil projet, & toutes les difficultés s'applaniront. Il est plus important & bien plus rare qu'on ne croit, dans les grandes affaires, de *savoir d'où l'on part & où l'on va*. La plupart des Gouvernemens se sont établis au hasard dans des temps de troubles, de conquêtes & d'ignorance. Ce n'est qu'après bien des épreuves, suites de divers accidens, que se sont formés les différens Etats de l'Europe. Mais dans un siecle tel que le nôtre, éclairé par une longue expérience, par les réflexions & par la Philosophie, il est temps d'adopter un plan d'administration raisonné, auquel tout se rapporte dans l'Etat, d'après lequel tout s'arrange & toutes les opérations soient dirigées. Alors ces opérations auront beau être multipliées, comme elles tiendront toutes à la même chaîne, toutes réussiront.

Le Gouvernement de France n'a pas été plus exempt qu'un autre de ces variations dans les principes de la Monarchie. Ils ont paru cependant fixés sous le regne de Louis XIV; mais comme

S

c'étoit uniquement en faveur du Monarque, & que le maintien n'en étoit confié qu'à trois ou quatre Ministres quelquefois assez fiers & assez durs, les Peuples s'y soumettoient, mais n'y concouroient pas, & ne s'empressoient point à seconder le Roi & ses Agens. Il en sera bien autrement, si le Peuple s'apperçoit que l'on s'occupe sérieusement de son bonheur, & qu'on veut même lui laisser une sorte de liberté. Mais il faudroit qu'il fût assuré que c'est tout de bon que le Roi a adopté ces principes, & qu'ils sont consignés dans son Conseil, pour y être suivis à jamais. A cette occasion, je ne peux m'empêcher de dire que c'est un grand malheur, que depuis long-temps le Conseil n'ait point paru avoir de plan fixe, & qu'il n'ait pas même été assez réuni pour pouvoir en former un. Nous avons vu tantôt des premiers Ministres, tantôt des Ministres particuliers, faire chacun dans leur Département, des arrangemens qui quelquefois supposoient des plans : mais, ou ces plans n'existoient point, ou du moins on ne les connoissoit pas. Ils en faisoient mystere : & cette réticence inquiétoit le Public François, loin de lui inspirer la confiance nécessaire. Bientôt ils éprouvoient des difficultés & des contradictions, & personne ne s'empressoit à les soutenir. Leurs confreres les traversoient par jalousie, ou ne se concertoient pas avec eux. Le Public tantôt les blâmoit, en leur supposant peut-être des vûes plus mauvaises que celles qu'ils avoient réellement, tantôt les plaignoit, étant persuadé qu'ils ne viendroient point à bout de faire le bien qu'ils désiroient, & qu'ils resteroient même trop peu de temps en place pour cela : c'est ce qui arrivoit effectivement. Nous avons vu, depuis quelque temps, de fréquens changemens dans les places du Ministere. Dans le grand nombre de ceux qui les ont remplies, il y a eu certainement des gens éclairés, des gens sages, d'honnêtes gens; il faut convenir aussi qu'il y en a eu à vûes bornées, à vûes fausses, à mauvaises intentions. Il ne faut pas s'étonner que les uns & les autres aient été mis en place ; on parvient & on réussit à la Cour par toutes sortes de moyens ; mais ce qui est surprenant, c'est que souvent on ne les ait ni connus ni distingués, lorsqu'ils ont eu (comme dit le Peuple) *la main à la pâte.* On a confondu la bonne & la mauvaise besogne, parce que l'on a marqué de temps pour la reconnoître, & de principes d'après lesquels on ait pu la distinguer. Eh ! comment pouvoit-on juger d'un travail qui n'étoit ni concerté entre tous les Ministres qui devoient y concourir, ni discuté dans aucun Conseil ?

Ce n'est point un premier Ministre qui manque à la France, encore moins un Roi qui fasse tout par lui-même ; ce sont des principes convenus, c'est un plan concerté dans le Conseil du Roi & adopté par lui-même en parfaite connoissance de cause, qui embrasse toutes les parties de l'Administration, & auquel le Monarque oblige tous ses Ministres de se conformer & de concourir. Il est à souhaiter que ce plan soit l'ouvrage d'un homme mort, afin que la jalousie personnelle qu'il pourroit inspirer, ne nuise point à son exécution. On me répondra peut-être que l'on a vu bien des projets goûtés & approuvés en France, tant par le Souverain que par le Public. J'en conviens : mais hélas ! en quoi consistoit cette approbation ? Le Monarque y donnoit son attache sacrée par pure complaisance, & non par conviction : c'étoit l'ouvrage d'un seul homme en place, appuyé par quelques personnes en faveur, qui l'abandonnoient avec la même légéreté que le plan leur avoit été présenté. Si ces projets étoient portés à quelques Conseils, ce qui souvent n'arrivoit pas, ils n'y étoient point discutés, & le consentement morne & silencieux que les opinans y donnoient, étoit plus propre à inspirer de l'inquiétude à l'Auteur, qu'à l'encourager. Le Public, toujours mal instruit du fond de ces prétendus plans, les goûtoit d'abord, parce qu'il croyoit y entrevoir de bonnes intentions; mais aux premieres difficultés il s'imaginoit tout le contraire. Enfin ces malheureux projets échouoient, n'étant garantis ni soutenus par qui que ce soit, faute d'avoir été d'abord critiqués & examinés. Dailleurs tous les plans dont je viens de parler étoient partiels, c'est-à-dire, qu'ils ne portoient que sur une partie de l'Administration. Cependant, tant que nous n'en aurons pas un qui l'embrasse tout entiere, nous n'aurons rien. Depuis long-temps nous voyons les projets de Finance les plus économiques renversés par les dépenses excessives & mal réglées qu'exigent les Ministres des différens départemens, ou les projets conçus par ceux-ci, avorter par la faute de la Finance. La condition du Ministre des

Finances est devenue bien malheureuse : il faut absolument ou qu'il soit le tyran des autres départemens, en leur refusant de l'argent dans le temps qu'ils en ont le plus de besoin pour l'exécution de leurs projets, ou qu'il soit l'esclave de ces mêmes Ministres, en leur accordant aveuglément l'argent qu'ils prétendent leur être d'une nécessité indispensable. Il est impossible qu'il examine assez l'emploi que l'on veut faire de l'argent qu'on lui demande avant qu'il soit dépensé, & qu'il ne donne à chacun que ce qui lui est véritablement nécessaire. D'ailleurs s'il entroit dans ces détails, il seroit le premier Ministre, & feroit seul le travail de tous les autres. Il faut convenir que sur ce pied, la place d'un Ministre des Finances est *infaisable*. La maniere d'écarter tant d'embarras, c'est, disons-le sans cesse, un plan fixe & des principes certains, une loi d'Administration générale consignée par le Roi dans son Conseil, & qui serve de base à toutes les opérations. Que ce plan soit celui que je viens de proposer, ou un autre, la nécessité d'en avoir un est démontrée ; dès qu'il sera établi, toutes les difficultés s'applaniront, tout concourra à sa parfaite exécution, & les réglemens de détails en sortiront comme d'une source abondante.

Voici une troisieme objection ou question à laquelle je serai forcé de répondre. " Les dettes de l'Etat sont
" immenses (me dira-t-on), quelles
" mesures prenez-vous pour les acquit-
" ter ? Les impositions sont excessives,
" & le Peuple gémit sous leur poids.
" Je vois bien que vous vous occupe-
" rez des moyens de partager ce far-
" deau plus également, & de percevoir
" les impôts à moins de frais ; mais pour-
" rez-vous en supprimer quelques-uns
" des plus onéreux ? Il me semble qu'au
" contraire vous serez forcé d'en établir
" d'autres ; car enfin comment rembour-
" serez-vous toutes les Charges que vous
" vous proposez de supprimer ? L'obli-
" gation d'en payer la rente ou de les
" amortir, loin de diminuer la masse des
" dettes de l'Etat, la grossira, & pour y
" suffire, il faudra mettre de nouveaux
" impôts. Pourrez-vous, par d'autres
" moyens, payer les frais des Adminis-
" trations nouvelles, quelque utile que
" soit leur objet ? Les commencemens des
" Etablissemens sont toujours couteux.
" Tout le monde vous dira que l'objet de

» l'attention & des réflexions d'un bon
» Citoyen, le but auquel il doit tendre,
» & le prix le plus glorieux qu'il puisse
» mériter & obtenir de ses travaux, c'est
» de diminuer la dette nationale, sans
» avoir recours à l'horrible moyen de la
» banqueroute, & en supprimant même
» les impositions les plus onéreuses «.
Voici ma réponse. Il n'est pas impossible de rembourser une grande quantité de rentes perpétuelles, & la finance d'un grand nombre de Charges, en aliénant à perpétuité les domaines utiles dont le Roi est encore en possession dans son Royaume, ou dans lesquels il peut rentrer. Sa Majesté n'en sera ni moins puissante, ni moins riche, quand Elle n'aura plus de simples Seigneuries, pourvu que personne ne puisse lui contester, & ne partage avec Elle les droits éminens de la Souveraineté. C'est certainement par un abus des termes de cette maxime, *Le domaine du Roi est inaliénable*, que l'on s'est imaginé que le Roi ne pouvoit pas vendre la plus simple Seigneurie de son domaine, & qu'il pouvoit toujours y rentrer. Qu'est-il résulté de cette opinion & de l'application qu'en ont souvent faite les Ministres des Finances, en retirant

des domaines engagés, ou en forçant les anciens Engagistes à donner de nouveaux fonds ? Rien autre chose, sinon que les terres domaniales ont été plus mal cultivées, & qu'on n'a pas osé se livrer au désir d'y faire des améliorations ou des embellissemens ; que ces terres, qui auroient été dans le commerce, n'ont jamais pu y entrer ; qu'on a usé de subtilité pour donner une tournure d'échange à de vraies aliénations, &c. Si l'on veut bien rectifier une fois cette maxime, & en l'entendant comme elle doit l'être, rendre solides les aliénations du domaine utile, l'on fournira tout d'un coup au Roi des sommes considérables ; & si l'on veut bien veiller à l'application de ce secours, empêcher qu'il ne soit dilapidé & perdu comme l'ont été tant d'autres moyens de ressources pour l'Etat, on produira le double effet, de mettre une grande quantité de biens-fonds dans le commerce, de rembourser grand nombre de Charges, d'amortir & d'éteindre bien des rentes, dont le payement des arrérages est plus onéreux au Roi, que le produit de son domaine utile ne lui est profitable.

Ne sera-t-il pas aussi juste que facile de faire racheter au Clergé les rentes qui font à fa charge, par les mêmes moyens qui feront employés pour le Roi ? Alors nouvelle rentrée de biens-fonds dans le commerce, un plus grand nombre de terres en valeur, parce qu'elles auront de véritables propriétaires qui veilleront par eux-mêmes, & pour l'avantage de leur famille. Quand une fois on aura commencé cette opération, le Public verra avec fatisfaction diminuer, chaque année, la maffe énorme des dettes de l'Etat, & augmenter la faculté de fupprimer les impofitions en tout ou en partie. D'ailleurs les rentes viageres s'éteindront, & nous ferions tort au Gouvernement préfent & futur, fi nous pouvions craindre qu'on en créât de nouvelles. Un pareil expédient répété & multiplié eft d'une fi dangereufe conféquence, qu'on ne peut avoir ufé d'une telle reffource que comme d'un coup de défefpoir.

Quant aux impofitions, c'eft beaucoup pour la Nation d'être affurée qu'elles feront partagées avec toute l'égalité poffible, & perçues à moins de frais. D'ailleurs on ne pourra jamais fe plaindre qu'elles foient exorbitantes, quand le produit ne fera qu'égal aux charges publiques ; & le vrai moyen de démontrer que l'un n'excédera pas l'autre, eft d'appliquer chaque genre d'impositions à un genre de dépenses particulier ; par exemple, la taille à l'entretien des troupes ; les droits provenans du commerce extérieur par mer, à l'entretien de la Marine & des Colonies ; les revenus des biens donnés par nos ancêtres en intention de faire des œuvres pieuses & charitables, à l'entretien des hôpitaux & à la fondation des établissemens de charité de toute espece ; les droits domaniaux seroient réservés pour l'entretien de la Cour, du Roi, de ses Ministres, de ses Officiers & Conseillers, & des principaux Magistrats. On conçoit que cette distribution étant une fois adoptée, le Public ne seroit point étonné de voir augmenter ses droits, lorsque l'objet auquel ils seroient destinés, exigeroit plus de dépenses. Ainsi en temps de guerre, ou lorsque le Roi, par de simples précautions politiques, jugeroit à propos d'augmenter ses troupes, la taille le seroit à proportion ; & si l'armée étoit doublée, la taille le seroit de même. Lorsque la Famille Royale seroit augmentée, la Cour par conséquent plus nombreuse & sa dépense plus forte, il faudroit plus de fonds pour y suffire, &c. &c.

Je ne donne ici qu'une légere idée de la juste distribution qu'il faudroit faire des fonds que le Roi auroit imposés sur tous ses Sujets, & qui, étant levés dans chaque Province, devroient être versés des Caisses particulieres dans celle du Trésor Royal. Je ne parle point du second genre d'imposition, dont l'administration entiere, tant en recette qu'en dépense, seroit confiée aux Etats Provinciaux. J'ai déjà dit, & je le répete encore, qu'elle ne pourroit paroître odieuse ni insupportable à personne, l'objet & l'emploi en étant également connus. On pourroit même avec confiance imaginer de nouvelles taxes pour de nouveaux objets d'utilité. Je n'indiquerai qu'un seul projet de cette espece. On sait que celui d'élever les Enfans trouvés & d'en tirer parti pour le service de l'Etat, est un des plus intéressans dont on puisse s'occuper. Il faut d'abord trouver les fonds nécessaires pour y pourvoir; ensuite faire les arrangemens les plus sages, dresser des Réglemens, construire & arranger des bâtimens convenables pour recevoir ces innocentes victimes du libertinage ou de la foiblesse; préposer à leur nourriture & à leur éducation, des personnes intelligentes, honnêtes & assidues; enfin déterminer le genre de travail auquel ils pourront être appliqués, lorsque leur éducation sera finie, & qu'ils entreront dans la grande classe des Citoyens. Le moyen de procurer ces fonds me paroît être une taxe sur tous les célibataires du Royaume, qui soit personnelle & proportionnée à leur fortune & à leur condition. Je crois qu'on la trouvera juste d'après ce raisonnement. C'est une obligation essentielle que contracte chaque Citoyen en naissant, de donner à son tour d'autres Citoyens à l'Etat, ou il faut que des raisons supérieures l'autorisent à faire exception à cette regle. Il fut un temps chez les Romains où l'on condamnoit à l'amende ceux qui refusoient de se marier. La Religion Chrétienne a canonisé le célibat religieux & clérical; & indépendamment de ce que tout ce qui est fondé sur cette base est respectable, il y a de bonnes raisons politiques pour continuer la défense de se marier, faite aux Ministres de la Religion. Il y a une autre espece de célibat qui a bien moins de titres & de raisons en sa faveur : on l'appelle depuis quelque temps *philosophique*; effectivement il tient à un genre de philosophie, dont chacun à la vérité peut s'accommoder en particulier, mais qui sera toujours contraire au bien de la Société, parce qu'il tient à l'égoïsme. Après tout, il faut convenir qu'on ne peut pas forcer les gens à former des liens contraires ou à la délicatesse de leur conscience, ou même simplement à leurs inclinations; mais n'est-il pas juste de leur faire acheter la liberté dont ils veulent jouir, ou plutôt de rendre ce rachat régulier, & de le faire tourner au profit de la Société ? car d'ailleurs il y a bien peu de gens à qui leur célibat ne coute quelque chose. Je voudrois donc que chaque célibataire payât la valeur de l'entretien d'un enfant, depuis sa naissance jusqu'à l'âge de quinze ans, & assujettir à cette taxe tous les hommes qui seroient parvenus à l'âge de vingt-cinq ans sans s'être mariés, jusqu'à soixante; & les femmes depuis l'âge de vingt jusqu'à cinquante. Il n'y a aucun lieu de douter que cette taxe ne produisît beaucoup; & comme il seroit essentiel qu'elle ne fût employée à aucun autre objet qu'à sa propre destination, si le nombre des enfans naturels & orphelins ne suffisoit pas pour absorber les fonds destinés à l'entretien de cette maison, on pourroit y admettre encore les enfans de ceux qui en seroient vraiment surchargés. Par-là l'on feroit cesser la crainte funeste qu'ont les habitans de la campagne, d'avoir plus d'enfans qu'ils n'en peuvent nourrir. Quant aux Réglemens & à l'administration de ces établissemens, ils mériteront certainement la plus grande attention, surtout pendant le temps de la premiere nourriture. Mais je crois qu'il faudroit laisser aux Etats des différentes Provinces, le soin d'y pourvoir, & établir même sur cet objet une espece de concurrence & d'émulation entre elles, à qui nourriroit le plus d'enfans & les éleveroit le mieux. Il seroit d'autant plus juste de laisser ce soin aux Provinces, que ce seroient elles qui percevroient la taxe. Selon toute apparence, cette imposition se payeroit volontiers, quoique ce fût peut-être une des plus fortes. Quant à l'emploi qu'on feroit de ces enfans lorsqu'ils seroient grands, celui des garçons ne seroit pas embarrassant ; ils seroient destinés au service militaire ; étant bien juste que les enfans de la Patrie servent de préférence à la défendre. La milice dans laquelle ils entreroient, seroit hono-

rable ; chaque Province devant être obligée d'entretenir un certain nombre de bataillons, pour former un régiment qui porteroit son nom. Les soldats seroient tous natifs de cette même Province, soit qu'ils eussent reçu leur éducation dans les maisons dont je viens de parler, où qu'ils se fussent engagés volontairement. Les Officiers en seroient du moins originaires ; les Colonels pourroient être choisis entre les Seigneurs qui y posséderoient des terres considérables. Quoiqu'il fût nécessaire que ce Corps, tant qu'il seroit en activité, fût toujours employé dans des Provinces différentes de la sienne ; les retraites & les récompenses, tant des Officiers que des soldats, seroient toujours accordées pour la Province dont ils seroient originaires ; de sorte qu'ils ne perdroient jamais l'espoir de retour dans leur patrie, la vanité d'y paroître avec honneur, s'ils avoient bien servi, & la honte d'y végéter sans considération, en cas qu'ils se fussent mal conduits. Je ne dis ceci que comme un mot en passant. J'ajouterai que la cavalerie & les dragons devroient être tout entiers composés de volontaires, & que les espérances bien fondées d'un côté, & la crainte de l'opprobre de l'autre, seroient

roient suffisans pour empêcher la désertion des soldats, & entretenir le zele de l'Officier François. Mais ce n'est pas ici le lieu & le moment de m'étendre sur cet intéressant objet. Je reviens aux *Enfans de la Patrie*, c'est ainsi que je voudrois qu'on les appelât. On occuperoit ceux qui seroient foibles & mal constitués, en leur faisant apprendre des métiers proportionnés à leurs forces. On seroit plus embarrassé des filles ; mais c'est relativement à elles que ceux qui se piqueroient de zele pour le bien public, pourroient exercer leurs talens, en indiquant quel est le genre d'occupation qu'il seroit possible de leur procurer, eu égard au climat, aux productions & au commerce de chaque Province. Cette différence de climat & de productions doit nécessairement empêcher de soumettre aux mêmes principes & aux mêmes regles tous ces établissemens. Il faut les diriger suivant les lieux & les temps ; mais l'objet est le même pour tous les pays. Favoriser la population, pourvoir à l'éducation physique & morale des enfans, & les rendre utiles à la Patrie, quel but plus glorieux & plus désirable peut-on jamais se proposer ?

Une quatrieme observation, à laquelle

je pourrai répondre aussi bien qu'aux deux précédentes, c'est que je ne fais entrer pour rien dans mon plan le Clergé & les Ecclésiastiques. En voici la raison : dans l'état présent, le Clergé de France, en vertu de ses immunités, ne paroît en rien contribuer aux charges publiques ; ainsi il ne doit avoir aucune part à l'administration de ces charges. Il est vrai cependant que le Roi perd fort peu à laisser les Ecclésiastiques jouir de ces immunités auxquelles ils sont si attachés ; ils contribuent, & même considérablement ; mais leur contribution se paye dans une forme si différente de celle des autres Corps de l'Etat, & si mal entendue tant pour le Roi que pour eux-mêmes, qu'ils ne peuvent faire mieux que d'y renoncer. S'ils le font, alors assujettis aux contributions comme les Seigneurs & autres possesseurs laïques, on les admettra comme eux à veiller sur l'intérêt public, qui sera aussi le leur ; on leur accordera même dans les assemblées, les honneurs & les prééminences dus à leur caractere sacré ; mais il faudra bien qu'ils acquittent les dettes que le Clergé du Royaume a contractées en corps : il y aura à cet égard de grands arrangemens à prendre,

& il faut convenir qu'ils font délicats. Rien n'est si respectable que le Clergé, même relativement à son revenu temporel : la source de ses richesses est sacrée, elle tient à une Religion que non seulement la Foi, mais même la Politique nous oblige de respecter & de conserver. Mais le Clergé ayant à sa tête, comme il y en a aujourd'hui, des Prélats éclairés & modérés, se prêtera sans doute à tout ce qu'exigera de lui l'intérêt de l'Etat ; il préviendra le cri des Provinces, & des scandales qui nuiroient à tout.

D'un autre côté, l'on sentira que s'il y a un meilleur emploi à faire d'une partie des revenus du Clergé, que celui auquel ils sont à présent appliqués, ils ne doivent certainement pas être livrés au pillage. Ces richesses ont été destinées par nos ancêtres à toutes sortes de bonnes œuvres ; à obtenir du Ciel, par de ferventes prieres, la rémission de leurs péchés & des nôtres, à célébrer avec pompe les augustes Mysteres de notre Religion, à bâtir & à orner les Temples, enfin à la subsistance des Ministres des Autels, & après eux à celle des pauvres & au soulagement des infirmes. Les nouvelles dispositions qu'on peut faire de ces richesses, doivent toujours se ressentir de leur premiere destination. Il faut prélever dessus tout ce qui est nécessaire au culte divin & à l'entretien de ceux dont les fonctions habituelles sont d'enseigner les Dogmes, de prêcher la Morale, & de faire avec dignité les cérémonies de l'Eglise; la charité a droit de réclamer tout le reste. Comme la façon de remplir ce grand objet dans les différentes Provinces, ne sera jamais mieux connue que par leurs Administrateurs, c'est avec chaque Administration Provinciale qu'il faut régler toutes ces dispositions, & ce sont elles qu'il faut charger de les suivre.

Je crois n'avoir plus à répondre qu'à une seule question. ,, Vous n'avez parlé,
,, me dira-t-on, que d'Etats Provin-
,, ciaux; n'assemblera-t-on jamais les
,, Etats Généraux du Royaume? négli-
,, gera-t-on cette forme ancienne & res-
,, pectable de convoquer la Nation? Y
,, avoit-il rien de plus auguste que cette
,, réunion des trois Ordres représentés
,, chacun par des Députés du premier rang
,, ou du premier mérite? Le Parlement
,, d'Angleterre n'est, pour me servir de
,, l'expression d'un de nos meilleurs Publi-
,, cistes François (Etienne Pasquier),

» que *des Etats au petit pied*, en com-
» paraison de nos Etats Généraux de
» France «.

J'avoue que je ne suis point séduit par cette haute opinion que quelques personnes ont conçue de nos Etats Généraux. Plus je lis notre Histoire, & plus je reconnois que premiérement ils ne tiennent point du tout à la constitution de notre Monarchie. Les premieres Assemblées Nationales, les anciens Parlemens, les Cours Plénieres n'y ressembloient point du tout. Ce n'étoient que des conseils ou conférences du Roi avec ses principaux Officiers, Conseillers & Feudataires. Il n'étoit point encore question du Tiers-Etat ; le Peuple n'y avoit aucune part, &, comme je l'ai dit plus haut, il n'a été admis que fort tard dans les Assemblées Nationales. Et pourquoi a-t-on bien voulu l'y souffrir ? Pour exiger de lui des subsides, sans jamais lui laisser le soin de les régler, ni de faire aucun arrangement qui tendît à son soulagement ni au bien public. Aussi, que faisoit-il entendre dans ces Assemblées ? Des *doléances* qui n'aboutissoient jamais à rien, soit que le Peuple fût trahi par ses Représentans, ou que ceux-ci ne se trouvassent pas assez forts pour gagner quelque chose sur les deux autres Corps de l'Etat. Toutes les charges tomboient sur le malheureux Peuple ; le crédit, les honneurs & les graces étoient pour les autres. Enfin le Roi & la Nation se sont, pour ainsi dire, donné le mot, il y a près de deux cents ans, pour cesser d'assembler les Etats Généraux, parce que l'un & l'autre ont également reconnu qu'ils ne produisoient nul bien. Le Roi n'en tiroit aucun parti pour contenir sa Noblesse, ni le Peuple pour son soulagement. Si l'on assembloit les Etats Généraux, aujourd'hui que les bornes du Royaume sont bien plus étendues, la cohue & la confusion y seroient encore bien plus grandes, & elles ne l'étoient déjà que trop il y a deux ou trois cents ans. Ce qui se passe en Angleterre, ne doit pas nous faire désirer d'adopter une forme de Gouvernement qui ressemble au Parlement de cette Isle ; & nos Assemblées seroient bien plus embarrassantes, étant nécessairement bien plus nombreuses. La forme que je propose pour les Etats Provinciaux, est toute différente, & fondée sur des principes très-éloignés de ceux des Etats Généraux. Oublions-donc tout ce qui pourroit nous rappeler ces principes que j'ai combattus. Le seul avantage que le Roi auroit pu tirer des Etats Généraux pour le bien de ses sujets, c'eût été de réunir des personnes instruites de l'état & du véritable intérêt de ses Provinces ; de pouvoir les consulter dans chaque circonstance importante ; & de ne rien faire que d'après leurs avis réfléchis & raisonnés. Mais n'aura-t-il pas toujours à la suite de son Conseil, des Députés de chaque Etat Provincial, & dans ce Conseil même, d'anciens Commissaires qui connoîtront l'état de ces Provinces ; & ne pourra-t-il pas les réunir, pour leur communiquer ses intentions & ses ordres, lorsqu'il le croira nécessaire ?

CONCLUSION.

Comment un seul homme en gouverne-t-il vingt millions d'autres ? C'est par l'opinion & la confiance qui naissent du sentiment, de la raison, mais sur-tout de l'expérience & de l'habitude. Voilà les vraies sources de la puissance publique ; c'est d'après elles que l'on a formé le plan proposé. Son exécution procureroit au Peuple la connoissance de ses véritables intérêts ; il les auroit toujours sous les yeux, & n'en pourroit être détourné par les intérêts particuliers, qui sont les ennemis du bien général. De son côté, le Souverain, éclairé par son Peuple même, ne pourroit être égaré sur des intérêts qui, après tout, sont les siens propres, & qu'on ne peut lui faire trahir qu'en le trompant.

A l'égard du choix des Sujets pour l'Administration, avec de bons cœurs & des esprits droits, on pourroit aisément gouverner le monde : mais les bons cœurs & les esprits droits sont bien plus rares que les habiles gens, les esprits brillans & les gens à imagination. Il faut être en garde contre ceux-ci, & fixer leurs idées par un plan solide & bien entendu, dont ils ne puissent s'écarter, & qui ne leur laisse que la liberté de faire le bien à découvert, sans pouvoir envelopper leurs desseins dans les ténèbres d'une marche obscure, ou s'égarer en faisant prendre le change au Public.

Attendons-nous à voir notre raison faire encore de nouveaux progrès; ceux qu'elle a déjà faits nous en sont garans. D'âge en âge les effets en seront plus sensibles, & peut-être qu'un jour les principes de ce plan, proposé pour la France, seront jugés dignes d'être appliqués à tous les Gouvernemens de l'Europe.

Plaise au Ciel que l'on soit bientôt pénétré de cette sage maxime! *L'autorité Monarchique & la liberté du Peuple ne sont point ennemies, & ne doivent ni se combattre ni se détruire; au contraire c'est sur la parfaite intelligence de l'autorité & de la liberté que doit être fondé le bonheur du Monde.*

F I N.

TABLE
DES MATIERES
Contenues dans ce Volume.

Avertissement de l'Éditeur.
Page 1

Objet & occasion de cet Ouvrage. 9

CHAPITRE PREMIER. *Définitions.* 11

CHAP. II. *Principes & maximes.* 18

CHAP. III. *De la Monarchie, de l'Aristocratie & de la Démocratie chez les Nations étrangeres à la France.*

Article premier. *Division des Gouvernemens de l'Europe.* 37

Art. II. *De l'Angleterre.* 38

Art. III. *La Suede.* 42

Art. IV. *Venise.* 47

Art. V. *Gênes.* 49

TABLE DES MATIERES.

ART. VI. *La Pologne.* Page 51

ART. VII. *Le Corps Germanique* 55

ART. VIII. *La Hollande.* 57

ART. IX. *La Suisse.* 64

ART. X. *L'Espagne.* 67

ART. XI. *Le Portugal.* 76

ART. XII. *La Sardaigne.* 79

ART. XIII. *Le Danemarck.* 81

ART. XIV. *Le Pape.* 83

ART. XV. *Les Deux-Siciles.* 84

ART. XVI. *Modène & les autres États d'Italie.* 86

ART. XVII. *Souverains d'Allemagne.* 88

ART. XVIII. *La Russie.* 91

ART. XIX. *La Turquie.* 94

ART. XX. *La Chine.* 101

ART. XXI. *Le Paraguay.* 109

CHAP. IV. *Ancien Gouvernement de la France.* 117

CHAP. V. *Progrès de la Démocratie en France, selon l'Histoire.*

ARTICLE PREMIER. *Commencement de la Monarchie.* Page 133

ART. II. *Seconde Race.* 134

ART. III. *Troisieme Race*, LOUIS LE GROS & LOUIS LE JEUNE. 135

ART. IV. CHARLES VII. 143

ART. V. LOUIS XI. 145

ART. VI. CHARLES VIII, LOUIS XII, FRANÇOIS I, HENRI II. 146

ART. VII. *Vénalité des Charges.* 149

ART. VIII. *Les Enfans d'*HENRI II & HENRI IV. 154

ART. IX. LOUIS XIII. 156

ART. X. LOUIS XIV. 160

CHAP. VI. *Dispositions à étendre la Démocratie en France.* 171

CHAP. VII. *Plan d'une nouvelle Administration proposée pour la France.* 192

CHAP. VIII. *Effets qui doivent résulter du plan proposé.* 244

CHAP. IX. *Objections & Réponses.* Page 270

CONCLUSION. 296

Fin de la Table des Matieres.

ERRATA.

PAGE 19, ligne 28, tels que sont les Russes, *lisez* telle que celle des Russes.

Page 20, ligne 24, Gens de Robe; *mettez* un point à la place du point & virgule.

Page ibid., ligne 26, formalités; *mettez* seulement une virgule.

Page 26, ligne 19, & de cette, *lisez* toute.

Page, 38, ligne 14, mal l'étendue, *lisez* mal leur étendue, *ôtez* de son pouvoir.

Page 39, ligne 4, & s'enveloppe, *lisez* & s'occupe trop de.

Page 42, ligne 21, à celui, *lisez* à celle.

Page 77, ligne 27, est le meilleur, *ôtez* le.

Page 92, ligne 25, *effacez* en.

Page 102, ligne 23, qu'ils ont, *lisez* qu'ils y ont.

Page ibid, ligne 27, les, *lisez* ses.

Page 103, ligne 6, *ôtez* moins parfait que le leur.

Page 116, ligne 15, Herutters, *lisez* Heernhutters.

Page 120, ligne 3, *lisez la phrase ainsi :* puis patrimoniaux. Les Offices dégénérerent en héritages dans les familles. Les Officiers préposés pour rendre la Justice, & pour commander les armées.

Page ibid. ligne derniere, de relief en, *ajoutez* cas de vente & même de.

Page 126, ligne 3, leur, *lisez* leurs.

Page 128, ligne 12 & 13, *ôtez* à le laisser; ou l'abandonner, *lisez* ou à l'abandonner.

Page 129, ligne 18, faire observer, *ajoutez* ; il faut.

Page 130, ligne 2, *lisez ainsi la phrase :* Tout pouvoir inné sous un Roi, est vicieux & réprobable.

Page 152, ligne 2, tache, *lisez* tâche.

Page 171, ARTICLE VI, *lisez* CHAPITRE VI.

Page 178, ligne 18, de crédit, *lisez* en crédit.

Page 245, ligne 6, 7, 8, *lisez ainsi la phrase :* On la plongea ainsi dans la fainéantise, & on prépara des révoltes qui éclaterent aussi-tôt qu'on ne put plus, &c.

Page 247, ligne 26 & suiv. *mettez* tous les verbes au présent.

Page 248, ligne 21, le Ministere s'est, *lisez* le Ministere est à présent.

Page *ibid*, ligne 23, ils doivent tous, *lisez* tous ces objets doivent.
Page 249, ligne 6, *ôtez* en quelque maniere.
Page 250, ligne 8, *ôtez* par exemple.
Page 252, ligne 25, Bas-Officiers, *lisez* subalternes.
Page 262, ligne 17, prouvera, *lisez* produira.

www.ingramcontent.com/pod-product-compliance
Lightning Source LLC
Chambersburg PA
CBHW071530160426
43196CB00010B/1726